AQUARIUS

AQUARIUS

AQUARIUS

AQUARIUS

Catcher

一如《麥田捕手》的主角，
我們站在危險的崖邊，
抓住每一個跑向懸崖的孩子。
Catcher，是對孩子的一生守護。

牧羊人教養

教 授 爸 爸 音 樂 媽 媽

◎**米媽** 美國南加大音樂系演奏碩士

【推薦序】

牧羊人的推薦序

陳文祺（米爸）／實踐大學媒體傳達設計學系所主任

我與所有忙碌於工作的父親都一樣，珍惜的不是自己的身體，而是回到家後，孩子都已入睡，與疲憊的米媽分享著今天的一切。透過禱告，也分享彼此軟弱的那一刻。

父親的角色，除了是孩子的，也是妻子的父親形象反射，她脫離了原生家庭，與丈夫結合，形成了新的原生家庭。而待孩子出生後，父母該如何面對各自的原生家庭所帶來的影響？

丈夫身為家庭的頭，如何與肢體之間互動與導引是本書的核心觀念。父親是孩子的榮耀。父親的心轉向兒女，兒女的心轉向父親。

在教養當中，父母與孩子的雙向親子關係被普遍的探討，但夫妻之間的關係卻被獨立出來成為婚姻課題，但在本書我們可以看到，「關係」是真實親子教養的源頭。

《聖經》的〈創世紀〉闡述夏娃是亞當的肋骨所造，這種觀點很挑戰東方思維中，認定父母與子女的骨肉關係。但是真實的生活中，我們都明白，孩子有一天會長大，自組新家庭，夫妻才是終身相伴的。新的原生家庭中，有了相愛的夫妻，才能帶給孩子安全感，因此，讓孩子知道父母相愛比讓孩子知道你愛他更重要。

Patrick M. Morley在《鏡中的男人》（The Man in the Mirror）提到：「丈夫應該堅持愛妻子，無論她的反應如何。因為丈夫的愛是一項決定，而不是感覺！」這樣綿密的家庭關係，丈夫的角色何其重要，因為愛，提出觀察與執行力是非常關鍵的；因為愛，藉由觀察找出問題，共同進行思考，探索教養背後真正的目的與原則，在家庭中創造一個共同的遠景、清晰的目的。這樣一來，即使迷路了，因為愛，還是能找回原來的目的。

身為父親，如何擁有取之不盡的愛與力量，引領全家在這場接力賽中竭盡所能的奔跑，不一定最快，而是跑到終點時，火炬仍然有著熊熊的火與光亮？

《牧羊人教養——教授爸爸音樂媽媽》提供了真實家庭中父親的角色景框，同時也顯現了夫妻關係的真實面向；這樣的關係無須美化或成為楷模，唯一重要的是如何建造夫妻真實面對在家庭中各自的角色。

在〈以弗所書〉中提及，做妻子的當順服自己的丈夫，因為丈夫是妻子的頭；做丈夫的要捨己，要愛你的妻子如同愛自己的身子，愛妻子便是愛自己了。人要離開父母，與妻子聯合，兩人成為一體。然而你們各人都當愛妻子，如同愛自己 樣；妻子也當敬重她的丈夫。

當家庭中有了順序，孩子在教養裡不會迷失方向；當妻子敬重丈夫，而丈夫以體恤妻子為本，建立正確的家庭關係，才是社會真正的穩定力量。

我的工作環境很特殊，我教著別人家的小孩，一群被稱為學生的成年人。我從他們身上學習當一個老師，也學習當父親，從這群學生身上，看到了台灣這個社會家庭親情的問題縮影。近十四年來，我幾乎每天面對十八至二十四歲的孩子，觀察到的現象是家庭關係瓦解、父親的缺席、母代父職與隔代教養，日漸嚴重。

在我全心投入「老師」的職分中、關心學生們時，也意識到自己將成為家庭的缺席者。幸虧米媽提醒了我，也全心為我禱告，讓我明白父親在家庭中不缺席，對於家庭建造的重要性與守護教學的價值。

人羊牧
養教

「家庭」是人們的心靈守護者，是幸福與安康的溫度計，這個世界有很多未知的景象，和小說、電影的描述不一樣，而家庭在人類智慧與價值理念上所擔負的職責是源遠流長的。因此，當我成為父親與老師之後，我成了孩子與學生夢想的守門員。當我發現「低落的自我價值感」想從孩子與學生身上偷走能力時，我會帶著「信心肯定」、「勇氣鼓勵」驅逐它。

母親在家庭中是智慧之門，在本書中，米媽藉由故事導引出真實的親子關係與夫妻經營家庭智慧之語，書中真實的案例提供了孩子如何真誠的相處與良善的價值觀；理解愛——去愛家人、愛朋友、愛環境與愛自己，不是無謂的犧牲自我與盲目的去迎合世界的價值觀。我也應著這樣的智慧，重新學習在職場的倫理與教學方式。

教養最在乎的是「關係」——是夫妻關係影響親子教養關係，亦如同教育最在乎的是「關心」，如何整合教學資源與教師團隊精神，給予學生在學習上的安定感與公平機制。關心學生的身心靈發展而非達到成績標準，如同牧羊人般為羊群導引、捨身。在家庭中，我學習的一切讓我在職場上受用無窮，看到學生畢業後在社會上的精采成就，也讓我期待孩子成長的甜美果實。

我以我的妻子為榮，她是我在地上的一切美麗！

【自序】

愛可以改變曾經

我認為愛與美是一種以等待與忍耐換得永恆的形式。愛，是全然的主動，能領悟生命最深刻的祕密，而母職是最適合我的身分。它是一份用愛播種，用淚水耕種，用感謝收穫的田地；而這份對於先生與孩子的愛情，是理解和體貼的別名。

在工作與母職的選擇時，我曾以生涯的眼光來考量要將生命投注給誰。是家庭，還是專業的工作技能？紀伯倫說：「人的嘴唇所能發出的最甜美的字眼，就是母親，最美好的呼喚，就是媽媽。」孩子對父母的照顧是敏銳的，他們可以擁有更好的人生起跑點。而生命總會有一些特殊的時刻，告訴你這是一個時機，去做一件獨一無二專屬於你的事情，那將是生命中閃閃發亮的時刻！

米爸常會握著我的手禱告：「謝謝智慧之妻成為這個家庭守望者。」這段比情書更美、更動人的話語激勵著我朝向智慧的道路前進。我並非隨時都能優雅的面對所有突發狀況，我深刻的明白，為孩子幸福的奮鬥與焦心常牽動情緒上的包容與耐性。有時多次怒意被挑起而不肯妥協；有時出於好意卻仍把事情搞得一團糟；有時則因自尊教人進退維谷而引起誤解；在尚未了解實情之前，就以主觀的經歷做了判斷，或採取不明智的行動。

泰戈爾有一句名言：「世界上最遙遠的距離不是生與死，而是我站在你面前，你卻不知道我愛你。」我體認到，所謂的成熟，就是學習自以為已經學會的功課。在探索的道路中走過彎路或犯錯並不是恥辱，錯誤是好朋友，它們之所以到來，原因在於你還沒弄清楚一件事，或者沒有完整的學會某件事。

有一年，米爸送了我智慧型手機，只明白撥電話與簡訊功能的我，對於手機的設計功能認識不到百分之三，其他百分之九十七的功能全然陌生，徒然浪費了設計者的用心。為此，我不得不詳細閱讀說明書並查詢各種功能、使用技巧，在實務操作間了解設計者的用意。

婚姻經營與親子教養對於家庭的設計不也是如此？婚姻與家庭，是人際關係的最高境界。過去經營家庭的筋疲力盡，是因著有限的認識帶來有限的經營。對「愛的進行」談得很多，對「愛的本質」卻談得很少。我體認到身為妻子與母親的「眼光」很重要，因為「眼光」決定妳要花最多的時間於何處「經營」，而這份「經營」會成為家庭的「形態」。

我記得所有陪伴先生與孩子的歡笑、餵養孩子的凝視，對於為人父母的職責感到滿足與敬畏。這些情感深濃的靜默時刻讓我學會拒絕不重要的事；藉由「了解」夫妻經營之道、「了解」青少年成長的階段過程，我學會不過度反應、能從容的應對問題，少指責多分享，「了解」使我的生命精實飽滿。

三年前第一本親職書發行後的暑假，我帶著孩子前往南投旅遊。坐在鞦韆上，我與孩子背靠著背說話，彼此交換著角度，我的一百八十度與孩子的一百八十度交織成四面三百六十度的視角；而當時與孩子乘坐的鞦韆載著許多的祕密，也儲放著表情！

現代的生活當人們習慣忙碌後，反而忘記如何回家生活。我需要配偶與孩子不同的角度與面向，擴展生命的視野。懂得經營恆溫的幸福，讓愛情與親情不再忽冷忽熱，而是冬暖夏涼了！

在經營家庭中，我學會捨己是慷慨的另一個詮釋，身為妻子與母親，要能貼近最

牧羊人

教　養

柔軟的心扉，熟悉先生與孩子身體的脈搏需要最深邃的安慰。這份經營的祕訣，貫徹了生命最深的祕密，明白一句羞赧的抱歉，比一個誇耀的成功更是可貴！

這本書所分享的經驗與方法原則並非我的創見，而是許多深諳經營家庭之道的長者的智慧結晶，讓我反省家庭需求與處境，透過觀察與實踐，找出適合的解決辦法而整理出的思考。

米爸的洞察力與執行是極大的幫助，他常提出各式的問題，讓我探索教養背後真正的動機與原則。在家庭中，我們體恤彼此的軟弱，並在完全敞開的接納中感到安全，學習欣賞彼此的觀察力，也學會彼此相信。

家，對我而言不是區段、裝潢與空間大小，而是居住在這空間的靈魂。最棒的好宅比豪宅重要，在好宅裡有相愛與合一，獨一無二不可取代，才是最棒的房子。

生命的成長是一層層的歷練累積，信仰是心中的綠洲，我感謝生命中得以品嘗過去寒冷的滋味，讓我明白承受的淚水愈沉重，生命的錨就愈深刻地將我拋向真正的愛中。我們的家因愛而重建，喜樂的溫暖就這樣降臨。

家最美的便是「愛」的味道。「愛」，可以改變所有的曾經！

目錄

——之一 父母是孩子成長的鷹架

之二 讓「觀察」走在「指導」前面

・走入孩子心裡，是父母最重要的事

—— 之三

檢視來自原生家庭的教養地雷

——之四 愛裡沒有威脅與恐懼

父母是孩子成長的鷹架

——之一

面對如「羊群」的孩子，父母就如同牧羊，適時地擔當起供應者、引導者、教育者和保護者。

孩子的未來，父母無法完全陪伴，父母能給予的是，在他單飛前，為他建立一個健康的成長鷹架。

兼具愛與紀律——牧羊人教養

孩子告訴我不想寫作業，我的回應很簡單：「不寫功課是你的選擇，這是你的決定，但是老師的處罰你必須接受。」

孩子果真決定不寫，每天被罰掃教室。

——如何讓孩子明瞭，學習是他們的責任？

先前於音樂班授課時，發現一個有趣的狀況。當孩子的術科成績掉落時，家長往往急得像熱鍋上的螞蟻。他們心裡會想，該不該換一個教導的老師？或是找一個陪練者，陪伴孩子做額外的練習？

後來累積教學經驗後，我常建議家長，先給孩子一段自主地練習時間，讓孩子明白認真與不認真練習所帶來的結果。讓孩子明白學習是自己的責任，而不是爸媽的責任。

——孩子成績不好，怎麼辦？

父母不要因為孩子成績掉就慌了手腳。成績的掉落有很多原因，可能是因為孩子正在面臨思考的瓶頸期，也可能是考試的方式與指導者的角度不同。

題目的艱深難易不同，有些孩子在課外超前地學習了許多解題的技法，但是，這真的是實力嗎？或者只是現階段的早跑早到達？孩子的醞釀期是否足夠？這些，都有許多不同的原因與思考。

米家教養

01 不幫孩子寫作業，但在孩子完成作業後，會給予檢查性的簽名

對於孩子的課業，我有一些觀感。通常在孩子完成作業後，我會給予檢查性的簽名。課業的完成由孩子自行操作，因為在我的學習認知裡，真正能理解孩子的學習狀況，是透過孩子自主地在作業上的回答與修正。當然，這部分要評估孩子在學校的班級經營與指導者的觀點，因為有些老師將作業成績納入成績計算，有些則是當作

參考。

透過孩子自主完成的過程，可以檢視孩子的學習差異。家長可以給予孩子獨自完成的時間與空間，如果家長不放心，可以選擇在一旁觀察與陪伴，但是要注意自己的情緒。

米家教養 02

孩子進小學前，不以成績來檢視孩子的學習成果

進入小學前，我與孩子溝通，不要用成績檢視自己的學習成果，因為學習的道路上有太多可能性是無法用成績檢驗的。

我認為，練習只是一個前哨站，它顯示了孩子的學習過程是否有疑問。

在表演藝術的教學中，我常與學生分享，別害怕自己多做多錯。上舞台前，你仍有犯錯的權利，但是上了舞台後，你是一個專業的表演工作者，面對的是嚴苛的評價。所以，不要恐懼舞台下出錯的問題，這是一個檢驗你真正的學習的機會，讓你明白與動腦筋思考更多的可能性。

過去曾在小學執教鞭一段時日，我向家長解釋，班上的同學完成作業後所打下的成績僅當作檢閱，並且告知家長不要介入，讓孩子自主完成作業。這是提醒身為

老師的我在教學上有哪些同學聽不懂，藉此修正我的教學能力，也真實明白孩子的理解力。

我必須坦承，這樣的修改作業方式很辛苦，因為必須檢閱每個學生錯誤的地方，下課時必須與學生一個一個地詢問哪裡懂，哪裡不懂，我的教學與孩子的吸收為何沒有交集。

偏遠地區的學習資源與經濟力不足，家長多數為生活的經濟力奔波，無暇顧及學生。老師，是學生學習的唯一管道。多數偏鄉的老師必須承擔學生的學習，不是因為求得職場業績，而是孩子的每個學習過程都不應該放棄。

——愈早學會為自己的學習負責，愈好

態度是重要的關鍵。許多孩子逐漸長成的學習開竅，是因為持續的思考與不間斷的學習精進。孩子不一定要成績卓越，但是對自己負責的態度是必須的學習。

老師的進步，是來自學生的學習經驗與鼓舞。有些孩子完成作業有困難，我會提供書本或資料找答案，這個方式讓學生少一些挫折感。當翻書可以找到答案，也代表孩子知道問題在哪裡。度過這個階段，孩子可以慢慢因著增加的信心而脫離依賴。

米家教養

03 別捨不得讓孩子吃苦，因為能學會為自我負責

我的孩子也曾有寫作業討價還價的階段。當時孩子剛上小一，無法適應一天多樣作業，為了避免讓孩子覺得寫作業是家長的責任，我先與老師溝通，讓孩子學習承擔起學生應當負起的義務。

那段時間，孩子告訴我不想寫作業，我的回應很簡單：「不寫功課是你的選擇，這是你的決定，但是老師的處罰你必須接受。」念書與寫作業是孩子的責任，不是媽媽的責任。所以，不負責任的結果當然是孩子自己負責。

孩子果真決定不寫，每天被罰掃教室。

「媽，我覺得我還是乖乖寫作業好了。打掃教室時，同學都出去玩得好開心……我這樣不划算啦……」

掃了將近兩星期後，孩子覺得處罰所花費的時間比寫功課還要不划算。

「是啊，真的很不划算，因為你還要面對良心與責任的苛責，這些無形的壓力怎麼會划算？」自此後，孩子不再抱怨寫作業的問題，因為這是孩子必須面對的責任！

——學習不全都是有趣、好玩的，但卻是必要的

沒有人喜歡無謂的枯燥練習，但是，有些過程是必需的面對。許多事情的實力累積，絕對不只是累積有趣的、有意義的學習。在我的學習經驗中，很多時候為了喜歡的事，要忍耐與忍受不喜歡的事。

尤其任職於表演藝術的領域後，發現成績排名與檢閱的學習，更需要心理建設，因為每個老師有自己的詮釋觀感，但是舞台上很清楚地顯示孩子台下的練習認真與否。除非因為過度緊張，否則台下的練習絕對是台上見真章。

米家教養

04 父母必須不厭其煩地檢視孩子的學習習慣

我常對家長耳提面命，請家長讓孩子自己練習。這個過程會發生幾個現象。一是孩子可能不練，那麼請將問題交給信任的老師，讓老師用自己的方式修正孩子的學習。

另一個會發生的狀況是，孩子可能將錯誤反覆練習，而且一而再，再而三的出錯，將出錯的地方練習得更為熟練了。其實，這個現象反映出學生與老師的要求不

一樣的期待。

老師需要詢問學生，為何這樣想？這樣練？是否因為學生沒有思考，僅直覺反應地練習？這是一個很不應該的學習方式，對我而言與粗心無異。

粗心不是一件小事情，當然也不是大問題，但是它反映你真正的思考路徑與操作的方式。這部分需要調整，不只是調整課堂的學習，而是需要審視生活上的點點滴滴。

孩子是否常忘東忘西？是否常需要耳提面命地做事情？或是，這樣的學習方式對孩子達不到真正的吸收，只是做了表面的、膚淺的安慰學習？

這部分，需要家長與老師共同合作，檢視孩子的學習習慣。我想說明的，不是要各位爸爸媽媽當放羊人，而是牧羊人。

米家教養

05 父母應該當牧羊人，而非放羊人

羊群的前頭有牧羊人，羊會聽牧羊人的聲音；羊知道有困難時，找牧羊人一定可以解決牠們的問題。牧羊人觀察著每隻羊在草原上的動態，觀察羊群，也觀察草原的牧草。好的牧羊人，認識他的羊，羊也認識他。

牧羊人使羊群躺臥在青草地，在可安歇的水邊安心地喝著水。雖然羊群會行經困難，甚至面臨瓶頸，但是牠們不會害怕，因為羊群知道，牧羊人的杖、竿都是指引與明燈。

牧羊人理解自己是一個好的供應者，了解羊群並供應羊群的需求。為了供應羊群青草地和可以安歇的水邊，牧羊人如果遇見一處貧瘠的土地，必須知道如何讓這塊土地長出茂密的青草，而且隨時調整放牧地點。

為了讓羊群擁有安全感，牧羊人必須要有智慧排除危機，羊群才能安心躺下來享受牧羊人準備好的青草。

好的管理，不是坐在座位上發號施令，而是了解羊群的需要，提供達成任務所必需的資源，並協助排除一切困難。

牧羊人帶領羊群時，會設計一個良好且安全的路徑與範圍，羊群經過牧羊人的呼喊和引導，循正確的道路到指定的地點用餐。

好的設計與組織的規範，目的不是限制行為。牧羊人讓羊群走正路並不是用皮鞭，而是在平時和羊群建立起的親密關係基礎上，用聲聲的呼喚引導羊群。

牧羊人帶領羊群的兩項重要工具：金屬的「杖」與木製的「竿」。「杖」的頂端有釘子與硬板，用來防衛，可以趕走野獸甚至用來搏鬥。木製的「竿」，比杖較長，作為扶持羊或引導羊之用。竿有一端是彎的，可以將離群的羊鉤過來，並將羊群合成一體，互為依靠。

——父母是供應者、引導者、教育者及保護者

「杖」與「竿」有保護羊群的功能，也有管教的功能。當牧羊人看見有羊往危險的地方前進，牧羊人就會揮動杖，使羊聽見杖揮動的聲音，立即卻步，甚至回頭。杖與竿的功能相當於「管」與「教」，在正確的時機使用正確的工具來管理和教導，讓他們有足夠的能力完成工作，對於正確與不正確的行為也必須賞罰分明，以確保他們走在正途上。

草坪四周不免有豺狼虎視眈眈地盯著羊，但牠們始終無法進到草坪攻擊羊群，因為有牧羊人站在那裡。即使羊群在陰暗的山谷中行進，在黑暗中摸索，仍能聽到不斷傳來的杖擊聲和頻頻臨到身上的竿，這些都是羊群極大的安慰和鼓舞。

孩子的未來，我們無法完全陪伴，我們能給予的是，在他單飛前，為他建立一個健康的成長鷹架。讓他們知道自己是在安全、體貼的環境生長。

無論我們是管理者、老師，或是家長，我們都是在面對如「羊群」的孩子，身為家長的我們，就如同牧羊人一樣，適時地擔當起供應者、引導者、教育者和保護者的角色。

正直的品格這樣教——守門人與倉儲員（上）

逸與我分享她讀中年級時，班上舉辦「草食性恐龍與肉食性恐龍，哪一種外觀比較漂亮？」的選拔。她選擇草食性恐龍這一邊，人數較少。

有趣的是，肉食性恐龍這一頭有同學高喊著：「這邊的恐龍比較有力量，快點過來吧……我們下課可以一起玩！」

嘩的一陣，同學全數往另一邊擠去，這一邊僅剩下逸自己。

昕加入足球隊的練習已有八個多月的時間，球隊中有一個重要的工作稱為守門員，為了不讓對手順利得分，所以必須不畏懼強力的踢球，並且有技巧地擋下。在練習的過程中，看著孩子奮不顧身，成為團隊的守護者，不禁想到身為父母的我們，不但是自己生命的守門人，也是家庭的守門員。

《定意愛我們的孩子》（Loving Our Kids Purpose）作者Danny Silk分享了一則故事。當時他們全家搬到美國的威弗爾斯，他發現這裡有兩種類型的園丁。園藝的老手會將花園的四周圍上鐵絲網，網子上通常掛著枯黃的植物。當人們開車進入社區時總會覺得礙眼又醜陋，而新搬到此處的家庭會說，他們絕對不要這樣難看的東西。

園丁們都忙著在花園內翻土播種，並且設計灌溉的系統。看見綠芽每天欣喜的成長，距離收成的日子愈來愈近了，很快地，大家都準備享受辛苦得來的果實。

有一天，這些辛勞的園丁走到花園，發現園裡綠油油的葉子統不見了，他們非常震驚，也感到憤怒！

原來，這些植物是鹿群的受害者。園藝老手的花園外，有幾隻鹿靜靜地臥在籬笆外，甚至會從屋裡拿出一些東西餵食這些鹿，園藝老手對這些鹿群不會懷有敵意，因為他們懂得鹿群對食物的需要，也知道如何圍上籬笆，防範災害的發生。

——教養，不是黃金六年或十年，而是無限的時間

我喜愛這則故事，它讓我明白教養幼年的子女就像威弗爾斯的花園，園子得圍

上籬笆，安一扇安全的門。當然，界線不是消極的籬笆，讓孩子躲避正面交鋒；也不是激進的通電籬笆，樹立絕對的控制與權威。

常有專家說，孩子腦部發展有黃金時期的六年，或陪伴孩子的重要基礎在於起頭的十年。然而，我認為陪伴孩子與教養孩子的良心教育，是一個無限的時間，它是無限個未來的六年或十年，並且因著自覺而可以開始的年齡，你的價值觀與態度都是關鍵。

生命中有許多意外或誘惑伺機而動，照顧自己的花園是自己的責任。了解闖入園子的「對象」與了解「自己」一樣重要，這份「了解」讓父母決定需要設立怎樣的界線，特別是學齡的孩子階段。周旁的相處者也透過我們劃定界線強度，明白我們重視的程度。

——孩子是張白紙，學習的對象完全來自父母或教養者

先前進行「玩美生活」的系列講座時，我分享孩子自行製作迷你舞台劇的過程。尋找「材料」，是構成劇場舞台的開始。蒐集「材料」是依著日常生活與經驗中尋找。當「材料」充分準備好之後，舞台上的道具也需要定位。定位是為著演出的每一幕做好預先準備，使得道具能被妥善安排，並適時地在不同場景運用，而不

至於在換景換幕時因時間有限而慌亂。

孩子對行為的選擇與尺度，也像是材料準備的過程，就像廚師要煮出一道道美食佳餚，不可能無中生有，得要好好地挑選食材。食材的挑選也需要經驗與眼光。

Google的搜尋不會找出「沒出現過」的文章，正如我們剛出生的孩子，內心沒有儲放價值觀點。孩子依靠著外部環境，整天下載著各式接受來的資訊。孩子們正透過環境來定義認識的真相，架構出內心認定哪些「可以」或是「不可以」。父母需要透過外在的教導，使孩子有適當的行為。而身為父母的我們必須小心置放了什麼，也需要提醒自己，對環境的解讀是否正確。

一開始，孩子是透過他們眼裡的榜樣與信任，在心中建立基準。當孩子愈來愈成熟，對家庭關係的了解愈來愈深，父母便能轉變為積極正面的行為，從「不可以做什麼」，轉為「應該做什麼」。

在超商裡，有時看見小朋友拿了東西就走。他們無意犯錯，因為他們從來不知道購買物品需要付錢。孩子的內心沒有原則，辨別是非的教導，仰賴家中父母、長輩與養育者的身教。

內心對道德與良心的尺度，就像是雷達系統。雷達系統如果損壞，就無法前往目的地。它除了有引導方向的功能，也是警報器，提醒你應該如何做出正確的判斷。正確的良心，才能帶來真正的信心。

記得有一次，在百貨公司看到熱鬧的寶寶爬行比賽，許多爸爸媽媽為了吸引孩子爬行，使用各種顏色鮮豔的玩具或孩子喜愛的食物，讓孩子往目標直奔。有些寶寶亂奔亂竄，甚至受到隔壁跑道的玩具吸引而誤闖。有些小朋友則是辨識著爸爸媽媽的聲音往前直奔，奔向敞開手臂等著擁抱他們的父母。

當我看到這個畫面時，理解這些寶寶也許不明白競爭的意義與遊戲規則，但他們知道誰是愛他們的人，會往愛他的聲音直奔。而當孩子懂得抉擇，便會成為有力量的人，不會輕易受到外部勢力的影響。

——為女兒忠於內心的勇敢選擇而喝采

逸曾經與我分享她讀中年級時，班上舉辦「草食性恐龍與肉食性恐龍，哪一種外觀比較漂亮？」的選拔。選拔分為兩邊，她選擇了草食性恐龍這一邊，人數較少，所以肉食性恐龍這一邊可能會贏得勝利。

有趣的是，肉食性恐龍這一頭有同學高喊著：「這邊的恐龍比較有力量，快點過來吧……我們下課可以一起玩！」

嘩的一陣，同學全數往另一邊擠去，這一邊僅剩下逸自己。逸堅持初衷，卻也成了唯一。

回家後，我問了逸，對於自己的選擇有何想法。她說：「當我看見同伴都跑走時，心裡有些難過……但是，這是他們的選擇，應該給予尊重。當時我曾想到同學們做了改變決定的行動，會不會有可能因為自己是少數，擔心沒有同伴。不過，我覺得要對自己的選擇做出誠實的決定……媽，你覺得我勇敢嗎？」

孩子，你的勇敢不在於選擇了草食性恐龍，而是忠於自己內心的選擇。

這是孩子的班級故事，也是人性的寫照。在細微之處，也看到人們對於人際關係、價值觀點的選擇與思考。

——教養，決定孩子做何種判斷、下何種選擇

我們一生要做很多的選擇，投下許多「少數服從多數」的贊成或反對票，它不只是政治的選舉，也包括了職場、生活、學校的許多重要決定。每個舉手與投票代表的是人們對於原則的持守，與價值觀的判斷，甚至有時要抵擋誘惑，考驗個人對欲望的渴望。

生活中充滿著權力與品德的對抗，選擇的掙扎常在我們的內心與價值觀角力；家長對於在孩子的心中置放了何種生命排列順序的觀點，需要謹慎，而我們就像是

辛勤的工作者，將所有的道德成品所需要的材料搬入孩子心中。

米家教養

06 父母怎麼做，孩子怎麼學，這些都成為孩子心中的道德倉庫

父母，是孩子的鑄模師，細心地開模與鑄造會影響孩子的思考與習慣。孩子會觀察、模仿。知識上的學習是資料的累積，成人的我們先有思想，後有行為。而孩子則是先有行為，後有思想。當孩子遇見重要的選擇時，會在自己內心的道德倉庫中搜尋著父母給予的教導與示範，分析著外部社會與學校所給予的教導，與家庭給予的是否有衝突。

兒童心理學曾介紹，嬰兒大約在一歲之前學會分辨自我的疆界。在這之前，他們並不知道自己與媽媽的不同，而認為彼此是一體的。當嬰兒哭泣時，會認為媽媽也在哭泣，嬰兒認為自己的手也是媽媽的手，這個階段的他們認為自己是宇宙的核心，當他不舒服的時候，會以為媽媽也不舒服。直到第二年的成長期，才漸漸地學會分辨自己的身體疆界，但是對能力還是不十分了解。

孩子剛出生時對於事情的是非對錯沒有標準。當孩子幼小時，他們並不懂得行為背後的原因，而是透過父母的觀點與態度，行使他們在父母眼裡被允許的行為。

孩子按著成長的順序，一步步擴展內心對於廣大世界的認識與好奇，並且一點一滴的形成內心的想法。

從經驗賦予意義，是一個漸進的過程。而我與米爸的責任便是將孩子導入一個開放、分享的環境，讓孩子理解每個新資訊對生命的意義。當內心的倉庫有著安全的儲放量，我們對於孩子做決定的習慣也會愈加地信任與肯定。

米家教養

07 給孩子需要的，而不是他們想要的

許多新手媽媽常來信問，當孩子對於教導的事物不喜歡這個、不喜歡那個的時候該怎麼辦？我說：「給孩子他們所需要的，而不是他們想要的。」

《塔木德》（註）有一句這樣的智慧言：「誰是得到最完善教導的人？就是最先從母親那裡開始學習的人。」在生命的花園中，孩子的靈魂綻放最美麗的花朵，智慧的母親會確定她的孩子每天都聽見「生命」的話語，而你的引導讓孩子可以用智慧裝備自己的一生，幫助他們免於錯誤的價值觀，帶來悲劇的發生。

有一位父親這樣分享著：「我母親傳承給我最珍貴的，是她的信仰帶來的生命之道。」我相信，一位母親願意投資時間培養自己的心，以至於她能用心中流露的

愛培養孩子的心。

——教養，磨練出父母處理事情的智慧與能力

我常認為這些年來處理事物的智慧與能力，是被逸與昕栽培的。「孩子栽培父母」的說法是一種幽默的觀點，尤其遇到棘手的教養問題，常會發現理論不如身體力行來得實際。

以勇氣與誠實面對教養孩子中的挫折，是生命中重要的經歷。我省視著自己，透過孩子幫助自己成長、成熟。在原則以外，需要加上智慧。而在生命歷程中，問題往往不在於犯下多少錯誤，而是在於你我在犯錯的事物上，如何處理它！

——孩子就像鉛筆，父母就像橡皮擦

有一則故事是這樣的。有一枝鉛筆向橡皮擦道歉，但橡皮擦認為鉛筆未曾做過任何錯事，為何要道歉。鉛筆說，因為只要它犯下錯誤，橡皮擦就必須為鉛筆的錯誤付出代價，將它所犯下的錯誤刪除。因此，橡皮擦的身體愈來愈小，而為著讓鉛筆的錯誤消失，橡皮擦也失去自己的一部分。但是，橡皮擦不以為意，它告訴鉛筆，它的存在正是為了修正鉛筆所犯下的失誤，協助它解決所有的問題。

有一天，若橡皮擦消失，鉛筆會換上新的橡皮擦。橡皮擦表達自己樂於做這份工作，並請鉛筆停止擔憂，因為橡皮擦並不喜愛看到鉛筆傷心的模樣。

這個故事就像是父母與子女間的關係與對話。孩子是鉛筆，父母是橡皮擦。橡皮擦為鉛筆所呈現的一切感到歡愉並引以為榮，它不再掛念日漸消失的自己。孩子的錯誤是一時的，父母的接納與關愛永遠都在，父母願意不斷的奉獻自己，哪怕是一生，只為引導孩子的方向。

註：《塔木德》聚集了十個世紀中兩千多位猶太學者對自己民族的歷史、文化、智慧的發掘、思考和提煉，是整個猶太民族生活方式的導航圖，是支撐這個苦難民族的精神支柱。它已被譯成十二種文字，在世界上廣泛流傳。直到今天，猶太人仍然孜孜不倦地研讀《塔木德》。在家庭聚餐或朋友聚會時，總會共同交流學習《塔木德》的心得。

正直的品格這樣教——守門人與倉儲員（下）

孩子對我說：「這幾天我覺得自己有點孤單，因為我知道如果我告訴老師，大概就會失去這些朋友。」

——教養，必須隨著孩子的年紀而調整

與孩子相稱的自由與環境約束，應該隨著孩子的成長調整。給予一歲的孩子擁有十歲兒童的自由，容易缺乏自制。而給予十歲的兒童一歲孩子的約束，則會產生過度限制的挫折。若因年紀而沒有調整環境約束，將無法帶來和諧的教養關係。

讓孩子為自己做決定並非不對的事，但是孩子太小便給予太多決定的權利，在

不懂得約束自己的行為時，會將孩子推到籬笆外。

我們對籬笆外的誘惑有多少認知呢？

自由是慢慢來的，當孩子逐漸長大後，因著孩子可以對自己的行為負責與長大成熟，而逐漸給予自由。從家中玩具的選擇與整理，到外出的遊戲，朋友家的拜訪、學校的畢業旅行……當孩子隨著年齡能表現出合宜的行為，並且對事情的觀點能做出合宜的判斷，孩子透過慢慢來的自由，漸漸學會肯定自己，和諧便在你們的關係中降臨。

──別讓孩子因害怕被責備，而做出決定

當孩子幼年時，教養的重點在於孩子的心，而不僅是外在的行為。

我們需要用耐心來堅定孩子的心，當孩子開始與成人進行互動時，經驗與感受對日後詮釋生命的方式有很大的影響。

當他面對各種不同的角色，愈加擴展的時候，這些東西會彼此衝突，也與他自己自我中心的世界衝突。他開始觀察社會中的人們是如何遵守這些規定。孩子遇見問題需要做出選擇時，會問自己相信什麼，是爸爸媽媽的，還是自己的。

不夠完備的道德與良心的倉庫，會迫使孩子的決定出自害怕被責備，因為他們

心裡未儲放可依循的道德原則。訓練得宜的良心，即便路邊沒有警示標語提醒哪些事不能做，他也能明白哪些事情不可為。

我明白或許有不少父母會因自己沒有因材施教而有罪惡感，但是，許多關於倫理、道德並不會因為孩子不一樣而破例。心，是生命與行為的中心。

——從買玩具，建立孩子的消費觀

若讓孩子自己做決定已成為一種習慣，當生活發生的事情不是孩子所決定的，孩子容易情緒憤怒，並且無法妥適地安撫。當孩子的情緒崩潰，親子間的衝突勢必增加。

米家教養

08 在孩子小時候，夫妻就共同訂下一年僅有兩個時機可以買玩具的規矩

過去帶孩子逛百貨公司時，常看見在玩具城裡討價還價的孩子與一臉苦惱的父母，所以我與米爸商議，孩子自小就建立一年僅有兩個時機可以購買玩具。一是生日，二是發壓歲節的農曆過年，而親朋好友的禮物不在此範圍內。

陪同我逛街的好友們，對幼幼期的逸與昕印象最深刻的便是聽到他們說：「媽

咪，你要記得幫我告訴阿姨，把這個玩具保存起來……」因為孩子知道我對購買玩具的態度與堅持，因此他們僅能在腦海裡收集喜愛玩具的購買地點與樣式，等到生日那天再來購買。

——孩子寧願將禮物的費用省起來，作為學習或旅遊預算

我們給予孩子限制性的決定權，為的是幫助他們明白物質與自己的關係，並且懂得金錢使用的控制。當孩子年紀漸長，他們對金錢與儲蓄的概念讓我們極為放心。現在的他們寧願將禮物的費用省起來，作為學習或旅遊的預算，這點我們感到相當安慰。

教養是一門有助於道德發展的訓練與學習的過程。身為父母的我們也是學習者。孩子並非天生就懂得自制，他們的經驗尚未也不足以讓他們知道怎樣管教自己。評估孩子被允許做哪些事情，要根據孩子的年紀、認知與能力。

不妨試試看，當你將孩子可以做決定的權利收回來，從孩子是否同意溝通後的協定，便可以明白孩子是不是已經做決定成癮，並且願意調節自己與父母不同的意見。當孩子可以對事情做出合宜的判斷，孩子便可以擁有與他年齡相稱的自由。

米家教養

09 讓孩子學習說「不」。說「不」是拒絕事情，而不是拒絕同學這個人

孩子讀中年級時，在學校因為被同學肢體推撞而受傷，許多媽媽朋友建議我在家與孩子演練。主要原因是我把孩子養得太過「草食性」，以至於遇見「恐龍」時會不知道如何應付。

這樣的教育觀點讓我不禁想著，即便我在家行使面對「恐龍」的虛擬訓練，恐怕也會畫「龍」不成反類「雞」。假設我認同這樣的教育方式，我的孩子是不是就能成為遇見「恐龍」而懂得保護自己的孩子？這真的是很大的疑惑。

從學校聽到輔導室有許多個案，不少弱小、沒有抵禦能力的孩子在校園中被霸凌後，因為沒有受到學校妥善處理，以致長大後，內心仍有著陰影。我深思，什麼樣的方式可以讓孩子遠離災難。

先從說「不」開始吧！會有這樣的察覺，是因孩子回家時曾委屈的說，原先善意送給同學的一枝彩色筆芯，卻演變成筆芯被周遭同學借光光的狀態。

「你沒有好好地拒絕嗎？」

「有啊！但是我會不好意思。」

「那你要想想辦法，有些事是無法用不好意思來解決的。」

米家教養

10 同理兒子的心，支持兒子的決定，因為不對的事就是不能做

先前孩子因為與班上幾名同學，在導師交代沒有登記的空間玩球，當時孩子被找去把風。後來因著良心不安，他規勸了其他踢球的孩子們，不要繼續玩耍，萬一發生意外可就不得了。

「媽，我覺得規勸同學沒有錯，但是我覺得被找去把風真的很不好受。」規勸的動作，讓孩子滿腹委屈，因為他挨了同儕的責罵。

「孩子，這是你必須做的決定，這是對規範的負責態度，那麼你就要做出決定。」我憐惜孩子的內心，但是語意堅定。

「我知道，所以這幾天我覺得自己有點孤單，因為我知道如果我告訴老師，大概就會失去這些朋友。」

「孩子，你需要勇氣。真正的朋友會知道你是為他們好，真正的朋友是一起做對的事情。」

孩子安靜了。成人的我們理解事情的對錯，但是孩子眼中的對錯、價值常與大

人的不相同。

「媽，我決定了，不對的事還是不能做。」孩子鼓足了勇氣，決定向老師坦承犯錯的過程。

「我相信你心裡有一位天使在跟你說話，祂會給你勇氣的！媽咪與爸比都支持你。」

——每一件事的發生都有助於成長

許多人們都誤以為恐懼與勇氣不能並存，但在從小到大的成長經驗中，我發現「不恐懼」並不等於「有勇氣」。

勇氣，是在你害怕時，儘管有痛苦、疑惑，但仍然選擇繼續前進，之後你會發現，克服恐懼不僅使你更堅強，而且也往成長更邁進一大步。

隔天，孩子做出了行動。不免的，他失去可以在操場一同運動、跑步的同學情誼。不過，有趣的是，他認識了另一群下課坐在教室看書或聊天的朋友。

失去與獲得背後的意義，也許在他成長後才能明白。環境或許是形塑孩子特質的一個重要場域，我們要學著相信，生活所遭遇的每一件事情都有助於成長。

我告訴孩子，每一項誠實的行為，都會是增強你的精神力量。

有一句諺語是這樣說的：「我有十倍的力量，因為我心地純潔。」誠實的態度，才能帶給人們完整的感覺，因為人們不可能一面做不對的事，一方面又覺得舒服。誠實也許不是潮流，卻永遠是最佳策略。

米家教養 11

營造有相同價值觀的環境，教養事半功倍

常聽到市面上的廣告詞：「成為孩子的朋友」，其實我們一生中有許多時間做孩子的朋友，但是只有當孩子對家庭與親子關係有認同感時，他們才能享受與父母之間的情誼。而他所處的社群若有堅固的道德價值觀，也才能延緩物質世界對孩子的影響。

家庭所處的環境與交往的朋友，往往對孩子有著深切的影響。在社群的活動中，你會發現有些同伴與你有著相同的價值觀，努力活出生命的意義與尊重。

如果你所相處的社群，與家庭的價值觀點相同，而孩子的同儕也來自這個社群，那麼孩子對於家庭所建立的價值觀點會帶來更大的信任。

從孩子與這些同儕好友的相處模式中，會透露出我們對禮貌的要求相仿，打招呼時要回應，問候時眼睛要看著對方，交談時，我們也能感受彼此對孩子的關注與

教導有著一樣的信念。

相同理念的家庭所養育的孩子，對孩子會形成一種正向的同儕關係。在這個社群中，孩子知道自己的觀點不再被嘲笑，也讓他們有力量去做認為美好的事情。

——女兒的時空膠囊，孕育著對未來最有意義的承諾

我常覺得，生活若少了友情，就像少了悅耳的和音。若說婚姻的愛情造就兒女，那麼我相信友誼是美好品德的輔佐，因著良友帶來生活的滋潤。

逸與好友相約在畢業前的週末與好友埋下他們覺得最重要的紀念品。紀念品稱為時空膠囊，代表生命的約定。培養友情之果的土壤，是彼此的真誠，是親切與歡悅的對話，還有純真的讚美。他們也將會記住，有這麼一段共同陪伴彼此度過的年歲。

前一晚，看著逸準備著小小的藍色紙盒，裡頭裝著一個清澈透明的水晶。水晶的圖形是一個十字架與一雙禱告的手。是我在逸入小學時送給她的禮物。我好奇著逸選擇這禮物作為時空膠囊的動機。

「媽咪，這個禮物是我上小學時，你送給我的紀念禮物，它陪伴我六年了……以前跟媽咪到百貨公司逛街時，常看到許多瘋狂的購物活動，買了昂貴的物品就像

是代表自己的形象，讓生活過著不斷消費，甚至負債的生活……因此，我選擇『禱告的手』，要給長大後的自己，提醒自己。我與自己約定未來要踏實的生活，因為我從許多報導中看到，不誠實的生活讓許多人很焦慮……」

逸從閱讀中，認識許多有勇氣、堅持正義、守信用的人們，這些有影響力的人並不是以他們擁有的物質來認定。她直言不諱的想法的確說中了當前的社會現象，「借貸」成了社會的普遍性。

——兒子的時空膠囊，透著真切的生命

昕準備的時空膠囊是彩色的鹽罐，裡頭裝的是台南鹽博物館的彩色鹽製品。這個禮物沒有特殊的意涵，是昕的直覺，純粹因為喜歡。

有一句名言說：「人生，就是在你已定好的計畫之外所發生的事。」不過，鹽卻帶給我更深的想法。容器的水，若深度不夠，鹽所帶來的鹹澀十足。然而，容量的擴充，也稀釋了鹽在水中的鹹度。我們生命中所承受的苦澀，不也因著生命的擴充，漸漸被稀釋？

我深深為著孩子時空膠囊裡的紀念品感動。不要輕看孩子思考的高度，他們是我們的老師。孩子的清澈，是一扇窗，透過他們，我看到真切的生命。

——教養，需要兼具結構與情感

房子的支架是結構，而設計是改變氣質的重要元素。教養的真理是結構，而情感便是柔和與接納的重要元素。如果只有堅硬的結構，道理無法深植在心底。如果只有軟呼呼的情感，教養會失去原則與方向。兩者缺一不可，沒有一方可以被取代。

父母傳承給孩子的價值觀，就像是一個工具盒，裡頭的工具背後是關於自己、關於孩子以及身為父母角色的信念。

孩子樂於知道自己在父母的世界中具有何種地位。他們喜愛成為媽媽貼心的孩子與好幫手。給予孩子正面形象的肯定，他們會往美好的方向前進。

最零距離的溝通——爸爸的圓形便當

我使用一個鐵製的圓形便當，裡頭裝著逸與昕每天的生活分享，還有每日的關心與閱讀心得。我們稱它為給爸爸的「愛心便當」。

「爸比，我今天體育活動跑步很開心……」「爸比，同學說了一個讓我覺得很好笑的笑話……」

我喜愛使用紙與筆，書寫當下的情緒。筆尖下有著許多濃厚的情感，是電腦生硬的打字無法記錄的溫度！

有時，整理著過去與米爸因著台灣與美國兩處異地的通信，翻著、讀著，總是有股不知怎麼形容的感受，時光回到當時閱讀的心境，紙張還帶著滴下思鄉淚水的筆跡！

建立家庭後，仍保持著這個習慣。用書信寫下當下的心境，或是需要溝通的事情。礙於面對面表達的話語，用紙筆寫下，更能表達自己的心境與想法，也助於口語表達不清的情感飛揚。

與孩子共同閱讀的書本裡，有時會夾帶幾張寫給孩子的想法或心得。這些字句中，內涵著我的感動與分享，久而久之成了一種習慣。

——書寫，是最柔軟的溝通與表達

當孩子內心累積些許壓力，或不便啟齒的事情，習慣用紙張寫下他們想傳達的心情。有時是書信，有時是簡訊，有時是文字，有時是圖形。孩子使用著他們擅長表達的方式，書寫他們的情感。

米爸忙碌於創作，加上學校的教學與行政工作，當拖著疲憊的身體回到家中時，孩子早已躺在睡夢鄉了。無法聊天，卻又想表達彼此的關懷，這些無奈似乎讓親子間的關係被阻隔。

現代社會工作的繁忙，讓許多父親或母親必須在異地，或是深夜的工作崗位上努力奮戰，無法隨時陪伴。父母忙碌於事業與工作，孩子忙碌於課業與學習，親子間因著父母的工作，說不上幾句話。這些忙來忙去，讓溝通的橋梁礙於時間的緊縮而被迫放棄。

每一個選擇，都是肩負著沉重的責任，雖然家庭能支撐些許心靈疲憊，但工作上的挫敗與淚水，總是在內心裡打顫。

孩子懂事，他們明白父親工作上的承擔。他們想為爸爸拍拍肩膀打氣，給他一個安慰的擁抱，卻耐不住睡眠時鐘的催促。

米家教養

12 親子間最好的表達練習——讓孩子寫「愛」給爸爸

抱怨無法帶來改善。身為母親的我，該如何為孩子與忙碌於工作的父親建立起橋梁？

我喜愛全家在客廳閱讀的時間，也喜愛先生陪著孩子玩遊戲與聊天的時間。但是忙碌總是不定期出現，有著太多身不由己的責任要擔當。

愛，是一種經驗，不是一種知識。當父親帶著愧疚的心情面對孩子時，身為母親的我，要如何扮演孩子與父親之間情感的橋梁？

平日的飲食，總要傷腦筋的為孩子準備營養的餐點，提供身體營養的需要。這個餐點便當有為著孩子精心思考的生長需要，有營養需求的考量。

如果身體的成長需要便當，那麼父親心靈的便當，也是能量的補充。

我使用一個鐵製的圓形便當，裡頭裝著逸與昕每天的生活分享，還有每日的關心與閱讀心得。我們稱它為給爸爸的「愛心便當」。

我們的身體需要食糧，內心更需要心靈的飽足。給爸爸的「愛心便當」，是我們為他準備的加油站。

孩子用心地寫下校園生活的見聞與心裡的感受，我也寫下一些閱讀心得與生活分享。看著逸與昕用心地寫下每一字每一句，我好愛他們認真寫字給米爸的表情。

「爸比，我今天體育活動跑步很開心……」

「爸比，同學說了一個讓我覺得很好笑的笑話……」

「爸比，你今天身體狀況好一些了嗎？昨天聽媽咪說你咳嗽……」

——孩子的書寫，是米爸豐厚的精神糧食

米爸忙碌晚歸後，即便再忙再累，也一定在睡前好好的享受我們為他預備的愛心便當。

猜猜誰的書寫最有毅力？答案是不善於用語言表達的昕。

昕總不懈怠每天與爸爸急於分享的學校生活，逸則是表達對父親的關心多於事情的陳述。

米爸說，這是他每日的精神糧食，他害羞地說著。每次閱讀逸與昕的分享，孩子文字裡表達著他們眼裡的百分百爸爸，讓身為父親的他，認為再辛苦的奮鬥也值得！

米爸分享這份感受時，讓我有些意外。我曾誤以為米爸對這份用心烹煮的「愛心便當」可有可無，有一次還調皮地把便當偷偷藏起來。

「老婆，我的愛心便當呢？」

「我以為你沒在看，所以我收起來了……」

米爸低頭不說話，我感受到他那強烈的難過。

我的孩子氣，傷害了他內心細膩的情感。也因著這次的「愛心便當」，才知道他是多麼地看重孩子與他之間能交流的情感。

「師母，老師很重視你們，他在上課時常會提到家人，常會提到因自己忙碌，無法時常陪伴而感到內疚……」

在多年後的展覽開幕時，遇見了米爸當時教學的研究所學生。這些同在創作領域認真努力的學生們都知道，工作與情感兩全是如此的為難。

我也慶幸著，當時沒有讓這份內疚的景況繼續惡化。如果只是一再地在傷口上撒鹽，不斷地要求對方做不到的事，我真的不知道親子的關係會走到何種地步，即便我們是如此的愛著對方、愛著孩子！

米家教養 13 每晚九點，全家親密分享時刻

除了「愛心便當」以外，我們特意安排晚上九點，是家庭的凝聚時間。這個時間孩子可以傾吐學校與人際關係的問題，是我們彼此的分享時間。

孩子藉由禱告與分享說出內心的感動，或無法理解的校園事件。我們傾聽完孩子的陳述後，會給予安慰或是建議，讓孩子的情緒有個溝通的出口。

米家教養 14 若忙得抽不開身，米爸在手機設定鬧鈴，為全家禱告

米爸在手機設定了鬧鈴，當他忙於教學與系務工作而無法一同參與時，他會撥電話，為我們禱告，也為孩子祝福。

我們全家都知道，即便無法同在一個地方，卻在同一個時間能彼此感受聯繫與溫暖。

這段凝聚時間是我們對米爸的心意，讓他知道，我們一直關心著他，他絕對不是孤軍在外工作奮戰。

這段時間的努力，米爸感受到家庭的凝聚力量。米爸說，對一個在外辛苦工作的男人來說，家人的支持是非常重要的。如果家庭崩潰了，工作的意義真的會完全被抹滅！

——夫妻之間，更需要彼此分享與稱讚

兩性關係的想法需要正面與積極，而不是討價還價。當我看見夫妻因相隔兩地，或是工作忙碌無法陪伴時，我總會建議夫妻與孩子之間商量一個可行性的做法。

許多專家建議爸爸回家吃晚飯，媽媽全職陪伴孩子，但是生活有太多的「不得不」，也考驗著每個家庭的經營方式。一旦被「特定」的方式限制，這樣的要求反而成了壓力。因此，需要有智慧地量身訂做屬於自己家庭的溝通方式。

用正面與積極的力量改善，取代不斷的要求與抱怨。夫妻之間需要彼此分享與稱讚。稱讚可以帶來自信與滿足感，分享讓對方感受到你的重視與在乎。

米家教養

15 想念米爸時，別害羞，發簡訊告訴他

因此，當我想念米爸時，我會即時地傳遞簡訊，將當下的心情告訴對方，就好像他在我身邊一樣。我也喜愛收到米爸的回應，看見文字有著不一樣的感受，也許，是因為摻雜了些許的柔情與蜜意吧。雖然米爸不擅長甜言蜜語，但是我知道他正努力了解我喜愛的表達方式，也以這種方式傳遞他的情感。

理解彼此適合的傳遞方式，適合的生活經營，而不是堅持一個遙不可及的理想作為模範。我逐漸從彼此理解的方式中回應彼此對情感的需要。

米家教養

16 寫給米爸祝福卡片，表達對他的感謝與愛

元旦，因著學校電腦課程，老師幫昕申請了一個學生帳號信箱，昕第一封寄出的信是給媽媽的新年祝福。當我打開e-mail，收到這封「媽咪我愛你」的情書時，有著滿滿的感動！

收到文字的感受與口頭的問候不同，使用文字書寫，表達對家人的情感，是我表達愛的方式。

每年的父親節、生日、聖誕節，都是我將每一年的感受與鼓勵傳遞給米爸的特定日子，這麼多年來沒有間斷。在二〇一一年的聖誕節，我寫了一張祝福卡片給米爸。

Dear米爸：

今日早上的講座結束後，下午有一段知性且感性的時間，想寫一張聖誕卡片寄給為自己帶來「轉捩點」的人！

我直覺地寫下這張卡片感謝你，想說，你的好不是在於成就有多高，或是能力有多好，而是「你」就是「你」，謝謝你為「我們」所付出的一切，也承擔我所經歷的一切（我們彼此承擔）……

我想著你的臉龐寫了幾句話語給你，希望你有個甜蜜的聖誕節：

「和煦的陽光讓心情飛揚，光芒隨著步履移動時，跳躍閃爍，季節因你而更加耀眼。」

「時間可以改變任何事情，但是永遠也改不了的，是你的價值。」

「生命是立體而深邃的，一層層地挖掘，一點點地堆砌成現在豐富而有內涵的你……你，是最美好的答案。」

二〇一二年，是新的開始，願你力上加力，恩上加恩！

永遠在你身旁支持「我們」的米媽　2011/12/20

夫妻與親子彼此的感情不怕肉麻，鼓起勇氣用對方理解的方式去表達內心的情感。

信任，來自於願意彼此分享。

找個方式，讓彼此的思念與親子間的愛不打烊！

處理孩子爭執不休的好方法
——家庭事件簿

「媽咪，哥哥不給我薄荷糖，今天英文小考老師給他好多好多顆，他連一顆都不願跟我分享。」

「才不是，我才不要跟姊姊分享，誰教她上次也這樣……」

米家教養

17 在車上溝通——最獨特的親子「行動輔導室」

搭乘台北捷運時，總看見許多人低頭看手機，也看到大型看板的廣告張貼在各處。在充滿視覺訊息的街頭，在隨處可上網的城市裡，在人人都可以成為創作者與發表者的年代，我尋找著和平與沉默相處的心緒，感受屬於當下獨一無二的安定。

網路熱門新聞川流不息，生活中不缺乏大人物的出席，我想著，我生活中最富饒的樂章是哪一段記憶！

台北的交通便捷，往東往西，只要依循動線的安排，基本上要迷路比不迷路還要困難。

這時的我，有點兒想念鄉居生活，「No car就是沒咖」（台語「沒腳」的意思），路上車少人少，停車方便。不怕路遠，只怕沒時間。

米家教養

18 把握零碎時間，例如每天兩小時的通車，就是絕佳的親子時間

逸與昕上學來回得要一小時，加上放學，共計每日兩小時通車。這通車的時間一點兒都沒浪費，反而因著路途間與孩子的閒聊而顯得可貴。

我們暱稱代步的車是「行動輔導室」。在車程往返的時間，孩子在車上與我分享生活的點滴與校園生活。

上學時，我們迎著初出的陽光，帶著準備的早餐，放著輕鬆的小野麗莎，或是

穩定的巴洛克或古典時期的音樂作品，打開車窗，就這樣一路隨著音樂前往學校。

這也是時間管理，只是管理的方式不同。

孩子放學後忙著抄寫功課；在車上的說話時間，反而顯得珍貴。交通需要的往返時間無法管理，那麼，就管理自己與時間的關係。

因著家庭生活習慣所延伸的溝通模式，讓我明白孩子在校園的學習與人際關係。透過對話，我提供孩子各種角度的思考。該如何申明自己的主張，協調自己在團體生活裡的各式狀況，學習一步一步解決自己的問題。

對我而言，聽與說就是輔導，看事情的觀點與角度是學習最需要的能力。行動輔導室帶來的好處，是我們可以機動性地藉由彼此的分享，找到合宜的溝通方式，避免爭吵。

現在回想起來，透過在車上的對話，幫我們處理過許多大大小小的情緒問題。

傾聽就是愛。透過傾聽帶來了解，可以安撫孩子受傷的心思。

米家教養

19 讓孩子把爭執說清楚，父母先不急於論斷誰對、誰錯

在路上總看到這樣的廣告詞：「輕鬆賺進你人生的千萬」、「十分鐘輕鬆甩掉

四公斤的贅肉」、「鋼琴速成讓你成為世界級的演奏家」、「高壓氧美容讓你重拾年輕貌美的容顏」……當我看見這些廣告的時候，總會想著，贅肉怎麼可能無緣無故消失？生活中哪來這麼多輕鬆又容易的事情？

輕鬆的育兒？輕鬆的經營兩性？這些輕鬆其實並不輕鬆，除非失去自覺與進步的可能性。

返家的路途上，轟隆轟隆的吵架聲不絕。我頂著快耳背的聽力，想著該怎麼讓兩個怒氣沖沖的孩子暫停你來我往的拌嘴聲響。

他們年輕體壯，聲音鏗鏘有力，回嘴罵人時特別大聲，這讓我知道：「嗯，他們的身體很健康。」

「媽咪，昕不給我薄荷糖，今天英文小考老師給他好多好多顆，他連一顆都不願跟我分享。」

「才不是，我才不要跟姊姊分享，誰教她上次也這樣……」

這個場景熟悉嗎？這齣家庭劇本已經上演無數次，不用排練，我都可以將老梗的台詞倒背如流，我甚至能預測劇情的發展。

我感受到車體因著吼叫聲而震動，兩人你來我往，怎麼協調都停不下來。

奇怪，上一刻他們還很相愛，現在的他們，卻說不要愛彼此。哎呦，這種愛怎麼來得快，去得也快呢？

「我哪有，每次有東西或禮物都會想到你，怎麼可能……」

「有就是有，你上次吃一包王子麵，是英文老師請的，你連一口都不讓我……」

眼前的戰況愈演愈烈，感覺是要翻舊帳了。

這筆帳愈算愈大。我將車子開往停車處，熄火、關音樂，我下定決心跟這兩顆火球拚了！

我心想，這一次，我得改個方式。

「好，我們今天就好好把話說完，說完就不要再翻舊帳了。舊事已過，一切都要變成新的……」

我對著孩子宣告這個決心。不含著怒氣到日落，這是我重要的決定。

米家教養

20 以前花二十分鐘，現在花兩小時處理孩子問題

過去，我急於解決眼前問題，喜愛講道理，但是常常因孩子的情緒而有理說不清，自己也因此陷進煩躁的為難。

我常說，教養孩子的加法與減法是一種藝術。孩子的心與箱子一樣，當他們年紀小的時候，愛要裝滿比較容易。但是漸漸長大的他們，心的容量變大了，要裝滿可要花點時間與體力。

——教養，就是必須花許多時間

我開始學習如何以耐性，加上愛心，讓他們兩個人可以好好的把話說完。以前花二十分鐘，現在花上兩小時處理的都是小事情，但為的就是可以不要讓事情一而再，再而三的重複。

孩子在母親節寫了一張卡片，他寫著：「包容」是媽媽的味道。這一段時間以來，我經歷了一場自我探索之旅，深刻明白原生家庭帶來的習慣是如何影響我的生命。

米家教養

21 寫「家庭事件簿」，與孩子討論下次再犯時該如何處理等等

想想看，你所不喜歡孩子的態度與特質，是否與你的另一半相像？是否與你生命經驗或原生家庭所發生過的不舒服經驗，或者與手足相處互動的特質有所關聯？

若想讓孩子充分地說話，得讓孩子感受到說話的自由，他們才會在你的寬廣與包容間說出真相。

許多誤解是因著過去的爭論沒有好好地處理，而堆積了怨氣。有溝沒有通的方式，累積了孩子對父母處理爭吵模式的刻板印象，當一再地感受無奈與受傷，最後便帶來放棄。

於是，吵架時，往往也就把愛收回來了！

我寫了一本《家庭事件簿》，記錄所有家中發生的事件、處理方式，還有共同討論出下次再犯時該怎麼處理等等。兩個孩子都必須簽名，以示負責。

——即使爭吵，也無損彼此的愛

每一個階段處理手足爭吵或親子間的摩擦與爭論的方法，都會隨著時間與年齡的改變而不同。有時回頭翻閱這份紀錄時，總不禁會心一笑。有些事在當時覺得揪心，現在看起來卻是莞爾一笑。

時間，累積了我們處理事情、生活的智慧，我們也學習對自己的情緒負責。生活中總不免發生許多大小事，但也讓我們透過這些溝通的危機中看見轉機。

——聽孩子好好把話說完，才能抽絲剝繭出孩子爭執的真正原因

「我想起來了，那次不跟你分享王子麵，是因為你在我生日的時候，送我一個用過的鉛筆盒，我覺得非常沒有誠意……」

「那怎麼是沒有誠意的鉛筆盒？就是因為你看到我使用這個鉛筆盒時，一直用著羨慕眼光說這個鉛筆盒設計得很方便，我心想你一定很喜歡，所以才忍痛送給你耶……」

讓孩子好好的把話說完，是應對衝突的方法。

從這段對話，我馬上了解，原來「薄荷糖」與「王子麵」都不是吵架的主因，而是他們在乎自己在彼此眼中的「重量」。孩子只是剛好遇到了過去事件累積形成的「地雷」而一觸即發。

米家教養 22

教養，必須隨孩子年紀調整，否則親子衝突將不斷發生

親子關係中令人困擾的青春期問題，多數是因為父母仍停留在小學時管理孩子的方式，卻沒有準備好孩子已漸漸進入青春期的成熟期，甚至長大成人。

長不大的父母面對長大的孩子，他們常常等不及孩子把話說完，尚未通盤了解

事情的全貌，便給予指導棋。

過去，我曾強勢地應對孩子吵架的情緒，要他們安靜、互相說對不起，然後再曉以大義的說教。孩童時期的他們，忍氣吞聲地接受父母的指令，但漸漸長大的他們會開始反擊。當孩子面對主控性強的父母，也開始習慣不表露心事，或者報喜不報憂。

米家教養

23 父母要培養自己，擁有「聽見」孩子沒說出口的話的能力

當我了解調整的必要性後，我理解「聽」比「說」重要。不請自來的勸告，就像醫生看診尚未好好檢查身體，便下了處方箋一樣。

更多的時候，父母需要學習傾聽孩子放置在內心，沒有說出口的語言。

在孩子年幼時，當他們遇到問題，在許多時候，他們連提問都不會，需要的是，你感同身受的詮釋孩子的情緒與感受，並且鍥而不捨地了解與陪伴。

——先理解孩子的情緒，再處理孩子的問題

家，不只是一個講「理」的地方，也是講「愛」的地方。

無論是兩性或是親子關係，愈能分享彼此內心的感覺，代表親密度愈高。

我喜歡用存款比喻關係，情感是銀行與帳戶，吵架是好大一筆的提款與支出，讓愛的存款一時之間少了許多。只要有了完整的溝通，即使是互相道歉，也能為情感帶來存款。

原諒需要力量。在爭吵的過程中，彼此都會想將對方變成自己。

我設定吵架的「停損點」，是好好讓孩子陳述完整的事件，彼此冷靜地想一想。因為當情緒解決後，答案也出現了。

米家教養

24 父母的情緒必須先冷靜下來，才能處理孩子的爭吵

「好啦，對不起，我誤會你了。」逸帶著有點害羞的語氣說著。

「沒關係啦，我不喜歡被誤會的感覺……那，我給你一半的薄荷糖，表示我們和好了。」昕是大方的，只是需要理解他為何不大方的原因。

「媽咪，我曾經做實驗把檸檬汁滴到溫熱的牛奶裡面，結果牛奶就凝結成像豆花一樣的塊狀物……」

「我覺得同學或家人之間爭吵時，就像這個實驗一樣，會把之前的經驗對照於現在發生的事情，做了自己認為對的判斷，就像是這些牛奶遇酸就凝結成固體一

樣……」逸有感而發的說。

這個事件不只是一顆薄荷糖，也是一個理解情緒、學習傾聽的過程。知道事情的始末，這兩人又和好相愛了。

原本以為是為著一顆糖的吵架，追究整個故事歷程，發現真正的問題與溝通方式、生日送的禮物、在乎自己是不是彼此心裡看重的人……這些才是引發爭吵的主因。我也慶幸，能透過這些事件將過去沒有處理好的偏見一一除去。

——別迴避爭吵。有智慧的處理，讓三人都成長

親子相處讓身為母親的我，在與孩子的對話中，湧出了許許多多更大的意義。許多美好的思維，是與孩子聊天的收穫。我們從「對話」開始，與孩子對話，與生活對話，與閱讀對話。藉由行動，告訴孩子透過生活的實踐所帶來的生命意義。

漸漸長大的孩子，是我的小小諮商師與知心好友。當我朝著未來前進，面對真實不如預期時，知道有個無限的力量可以支取，並且因著相互的鼓勵，得到好多的祝福，這真是生命美好的禮物。

當我陪著孩子運動，享受草原上舒爽的涼風，我們正經歷、享受著正向的教養眼光所帶來的幸福。

一家人幸福的起點——沙發上的溝通學

米爸與我花十至十五分鐘，聊著家庭裡每天發生的事情。當孩子想靠近時，米爸會說：「很抱歉，這是爸爸和媽媽的溝通時間……先給我們一些時間，我讓媽媽把今天的事情說完，待會兒就是你們的時間了。」

曾在一個社群網站上閱讀一則討論丈夫與妻子的順位關係，當中有一個觀點，提到怕太太的先生是順服與體貼的表現，是好先生的極品。

無論愛的天平往哪一方傾斜，我始終認為，妻子是丈夫的好夥伴，也是幫助者。夫妻彼此的順從、愛護，與邏輯無關，與誰聽誰的聲音、誰看誰的臉色無關，因為這些體貼的順從與「愛」有關。

夫妻彼此的關係需要由內心發出真正的讚美與尊重。

如果一位母親願意在孩子面前誇讚父親對家庭的承擔與能力，這份尊重能使父親擁有無比的帥氣。父親願意在孩子面前稱讚母親，這份尊重能使母親擁有閃亮持久的美麗。

米家教養

25 「沙發時間」，讓孩子充分感受家庭穩定，以及安全感

在管教子女上，有時我難免受氣。我明白米爸工作上的繁忙，也擔心自己「倒垃圾」會讓他這個垃圾桶累積了職場與家庭的雙邊垃圾而爆炸。但是，當我困擾的情緒滿溢，卻又苦於陪伴孩子的時間與夫妻的深談時間有所衝突時，不免有些難以兩全的困擾。

——客廳、餐廳、書房都可以是「沙發時間」的地點

這時，家庭裡得有個沙發時間。這個沙發時間不一定要坐在沙發上。它，是輕鬆對談的座椅，讓自己可以在放鬆與信任的環境中好好說話。

它，可以是家中暖烘烘的床，也可以是餐桌上的桌椅，更可以是彼此的書桌旁。最重要的是，這裡是增添夫妻關係色彩的行動力的關鍵，展現先生對妻子持續關注與愛的地方。

米爸與我每日至少花十至十五分鐘，聊著家庭裡每天發生的事情。當孩子想靠近時，米爸會說：「很抱歉，這是爸爸和媽媽的溝通時間……先給我們一些時間，我讓媽媽把今天的事情說完，待會兒就是你們的時間了。」

——「沙發時間」，平衡完全以孩子為中心的家庭

家庭很容易就以孩子為中心，孩子對父母的依賴也帶來了滿足感。而沙發時間，便是既能平衡孩子的需要，又不會完全以孩子為中心。

透過生活的展現，孩子可以具體知道「我們的爸爸媽媽是共同體」。家庭的穩固關係，可以幫助家庭成員面對生活中許多的變動與震盪。

夫妻關係是家庭經營順序中的第一位。當夫妻的關係得到滿足，就不會落入以孩子為中心的教養方式。

孩子說，當他們年幼時，看見爸爸媽媽坐在沙發上討論事情，他們會感受到自己的生活很穩定，也知道在行為規範上，有一個強而有力的指導者，這種穩定帶給

他們安全感，遇到行為規範與內心的自我有衝突時，會知道有父母可以作為商量與選擇的對象。

米家教養

26

「沙發時間」，讓夫妻溝通教養衝突

米爸與我成長的背景不相同，我們在教養觀點上難免有衝突。

我們夫妻有一方偏向「限制孩子的惡」，時常把「不可以」掛在嘴邊，結果是造成太過於強調孩子「不可以做什麼」，以至於忽略孩子「應該怎麼做」。

——夫妻教養理念不同，當「限制孩子的惡」，遇上「提升孩子的善」

「你不這樣做……否則……」的語氣，讓孩子害怕被責備。這些「乖巧順從」的背後不一定是因為行為本身而表現的行為。「否則」的處罰意識成了孩子乖巧的原因，甚至是義務，而沒有內化為內心的準則。

而另一方教養的觀點，則偏向「提升孩子的善」。傾向營造好的環境，讓孩子在環境中被薰陶，但有時會忽略行為的結果。太過於想要孩子避開負面的情緒，追求正面的感受，卻容易產生以孩子的感受為標準，而不看重行為的結果。

當「感受」成了教養孩子的基礎，孩子開心，父母就開心，孩子失意，父母就得趕快營造一個讓孩子快樂的環境。這種教養觀，父母容易被孩子牽著鼻子走。

這兩種教養觀點都有益處，也都有缺點。管得太多，過度嚴厲，因而帶給孩子壓力與恐懼，孩子因而不願坦露心裡真正的想法。管得太少，孩子生活沒有常規，容易在團體生活中失控。

不管是偏向權威式，或放縱式的教養，都無法讓孩子學會真正應該學會的態度。

米家教養

27 教養，需要父母不斷反思，例如是否藉由養育孩子，滿足自己的需要

我常有一種感受，我們童年成長的經驗看似無聲無息，其實往往影響了我們對待孩子的態度。我們容易想要藉由養育孩子的過程，滿足自己的需要。

當自己的成長經驗充滿快樂，便傾向用自己父母教養的方式教養下一代。但是，也有完全採取與父母完全不同的教養方式。

有些父母的童年承受不公平、過度嚴苛，甚至體罰甚重的成長過程，由於不願意孩子走上與自己相同的歷程，會採取完全相反的做法。

擔心孩子的「感受」大於孩子的行為，所以將心理健全的關注高於道德健康。更因擔心過度壓迫，所以選擇以孩子為中心的教養方式，對與錯的標準也容易因為孩子的感受而改變。

而生長在自由過度而缺乏準則，曾因為感受到自己生命缺乏正確引導，因此成為過度保護孩子，嚴格控制孩子行為的父母。這樣的父母會擔心寵壞孩子，因而嚴格地奉行限制的規條。

父母所使用的教養方式，其實是回應自己童年成長過程不如意的地方。「我以後有孩子，我才不要這樣對待孩子……」但是往往成為父母後，對待孩子的方式常常是處理自己的過去經驗，反而將自己對生命不滿意的過程投射在孩子的身上，甚至採取讓自己感到安全而不痛苦的方式教養孩子。

米爸與我都有著個人的特質與教養方式，互相抵制只會讓問題更複雜。一方的嚴謹與另一方的彈性需要溝通與協調，否則教養的觀點不但沒有從對方當中獲得益處，反而容易帶來對抗的局面，家中不但會充滿不健康的衝突，孩子也會無所適從。

因為愛的緣故，我們都必須成為對方的幫助，相互彌補對方的不足。沙發時間便是我們夫妻取得教養觀點協調的好方法。

米家教養

28 父母相愛與信任，是給孩子最好的禮物

婚姻關係是展現信任的表現，孩子正密切注意我們的互動。我們彼此信任與經營愛的方式，會提高孩子的信任。

身為父母的我們，可以陪伴孩子度過許多時間，例如運動、寫作業、完成作品、校外教學，但若沒有足夠的時間呵護我們夫妻兩人之間的關係，這一切的親子關係經營仍會讓孩子覺得不夠信任。

我們需要將信任的關係，織進家庭的經營中。

——經營家庭，爸爸媽媽缺一不可

無論是父親或母親，都不能只做個家庭教育的旁觀者，只依賴單方面努力地把家人聚在一起。

任何一方對家庭成員沒有關注或聲音，孩子心裡都會產生疑惑，「爸爸關心我們嗎？」「媽媽關心我們嗎？」

任何一方的沉默，也都會讓孩子誤以為父母對他們沒有興趣，或是不同意，甚

至拒絕。

米爸是這個家的掌舵者，當他對孩子說：「我們家真是太棒」的時候，也是培養家庭認同的關鍵時刻。

他將信任的關係織進我們的家庭中，也讓孩子對家庭有著綿密的安全感。孩子需要穩定情緒，明白爸爸媽媽彼此相愛。

讓這一雙雙童稚的雙眼看見呵護與關愛在愛中滋養，這就是安全感的根源。

之二　讓「觀察」走在「指導」前面

了解孩子，是教養的第一步。當你懂孩子，不但有助於你對孩子學習方式的選擇，在教養上也會更有效率。

父母是最適合孩子的老師

「媽咪，長大後，數學會用的有哪些？不就是加減法與乘除嗎？我真的不知道算一百題與五十題有什麼不同？而且現在有計算機……」

在走訪蕭壠文化園區、菜寮化石館與台南自然史教育館化石與自然史之旅的返家途中，我們欣賞由高雄延綿到左鎮鄉的月世界，那是由青灰岩構成的特殊結構地形。

途中，逸發現了一個綠色招牌，招牌上有著咖啡香飄逸的圖形，這可成了我們的好奇，一路蜿蜒的路程，讓我們有點兒興奮，不知道，這又是一個什麼樣的風景！

進到門口後，四處無人，我們看著眼前有一片綠色的草坪，還有淙淙的水聲，我們像闖進別人家的私人花園，小心的觀望四周。

「奇怪，真的都沒有人耶？」我們四處張望，因為這裡的環境真的很清幽。看著眼前的花花草草，心曠神怡外，還帶有那麼一點兒探險的好奇。

「在私人花園與咖啡店探險，好怪異啊？」孩子皺著眉頭說著。看到一個裝著窗紗的門，輕輕地推開，看見許多培育中的蘭花品種。我們像複習之前去烏樹林休閒園區的花卉館，欣賞國際蘭花展的蘭舞婆娑般，將當時存檔在腦海中的記憶，慢慢地翻出。

米家教養

29 把握每一個打造親子探險的好機會

有些花，開得顯眼亮麗，有些還在培育中；花序中有些混著泥土與種子香味。我們輕輕地將紗門拉上，走訪這座花園，四處無人仍然讓我們有些不安心。但是，我們很想迎接生活中的任何一種驚嘆號，所以繼續往前進，直到看到一間有著白色休閒椅的餐廳。

小小的立牌上寫著：「幸福花園餐廳」。餐廳連接著另一個室內花園，園裡有著各式蘭花，還有一些簡易的圖表講解。看著牆上的得獎紀錄，令人為台灣花卉感到一股驕傲。我們點了一份輕鬆的下午茶點，眼尖的孩子急忙找著DIY的資訊。

這裡沒有別的訪客，我們帶點兒不好意思的問著相關資訊。壓花的DIY不少，孩子決定製作實用的壓花鉛筆盒。植物園的女主人，將壓製好的花與葉端出，孩子動腦排列著置放在鉛筆盒上的圖形。

我與親切的工作人員聊天，聊著在地的生活，聊帶著孩子暑假計畫的進行。女主人除了驚訝著我們驚人的體力外，也羨慕孩子有著身體力行的在地之旅。

逸與昕小心翼翼地用鑷子夾著花瓣，輕輕地貼在木製的筆盒上。植物園的女主人溫柔地說著：「他們的個性很不一樣……」

我笑說：「兩個孩子的特質不同，個性也不同，卻也因著他們的不同，家庭生活多了許多樂趣。」

我對人的觀察有著極大的好奇，喜愛從孩子做事的程序觀察孩子的特質。依著特質可以找到適合孩子的學習方法，是我一直以來的摸索與樂趣。

米家教養

30 讓「觀察」走在「指導」前面

在我的教學經驗中，有些家長會覺得自己的專業不夠，但其實「父母親是最適合孩子的老師」。在陪伴與觀察的過程中，因為熟悉與清楚孩子的個性，所以能找到適合孩子的學習方式。

唯一需要克服的是，面對孩子的情緒與耐性，反而不是專業，這也是身為母親的我一直努力中的功課！

我喜歡讓「觀察」走在指導前面。因為，陪伴不只是付出時間，而是了解孩子做事情的流程與邏輯。

當你懂了孩子的語彙，也有助於你對孩子學習方式的選擇，更有助於他們對學習事物的深度了解。

記得昕對於反覆運算的數學題感到反感，每次只要遇到一堆計算題的作業，不是皺著眉頭，就是抱怨著「好討厭」！

「媽咪，長大後，數學會用的有哪些？不就是加減法與乘除嗎？我真的不知道算一百題與五十題有什麼不同？而且現在有計算機……」

這話說得讓我有些啞口無言。我回想起，逸在不久前問我數學題目時，我也被問得傻眼。

當時她問了我關於運用公因數、公倍數解開四位數的最大值與最小值的問題，我只會使用過去學習的方式，也就是古老的土法煉鋼地解題外，實在沒有太創意的解答方法。

我當時內心想著：「數學裡的怪咖雙雄小明與小華，除了他們，還有誰會用這麼複雜的方式去超市買東西？」

帶著許多狐疑的我索性回答：「沒關係啦，你不要感到挫折，這一題不會也沒關係，明天再去學校好好問老師……」

米家教養

31 父母陪孩子將數學轉換成遊戲

相信許多爸媽翻開小學的數學課本會發現，小華與小明是數學故事裡的常客，常常在學校門口往前走十公尺，又退了五公尺，然後再前進八公尺。

每當我看到這樣的題目時，腦海就會出現一個奇怪的畫面，兩個小朋友在學校門口來來回回，我想如果家長看到，會不會也覺得怪怪的，也許，熱心的家長應該會通知警衛或老師吧。

——如何同理孩子學習上的挫折？

「如果我是超市老闆，一定會覺得小華與小明這一對愛搞怪的兩人老愛找我的麻煩！」我短短的一句玩笑話，沒想到，竟化解了逸答不出數學答案的挫折感。

什麼是物外之趣？為何而學？當告訴孩子，學習是為了「下一個」階段的學習而準備，而不是與「現在」做連結，我想，孩子是難以感受與認同的。

我設身處地的想著孩子的問題，「勤能補拙」的故事應該要因時因地而制宜。當孩子必須硬生生地記住瞎掰的故事與邏輯，腦容量還要承載數倍的記憶體，「拙」的問題是一種必然的發生，卻也不免讓我思考，是否孩子被錯誤的方法限制了判斷力，因此累積了更多學習的挫敗？

當孩子不是用問題導向來記憶或理解，而是以段落、局部、細節的思考來呈現對這些匪夷所思的學習時，成人的我們是以何種態度來詮釋與理解孩子思考的高度呢？

當我能理解孩子學習上的困難，我才能想辦法解決孩子的問題。這次，我可得幫昕量身訂做個數學遊戲，好讓他解決他所不喜愛的枯燥的反覆運算練習。至少，得讓他好好地完成作業。

「昕，你跟媽咪來玩個運算競賽遊戲好了。我們來比賽看看，誰算得比較快！」這下子，數學不是計算題，而是遊戲，是一場小孩想挑戰大人的競賽。

真實世界的體驗，隱藏著課業知識沒有的驚奇，我認為「不同的年齡有不同的學習方法」。

學習沒有所謂名師與高徒，有前瞻性的指導者懂得製造各種提升自信與學習熱情的機會，有成就感則會帶來大量的熱情，而要讓這些一起交互作用，才能帶來所謂的專注。

米家教養 32

父母必須了解孩子學習挫折感的來源，才能對症下藥

對於孩子的學習，多數的時間是解決孩子內心的挫折感，所以特別需要父母幫助孩子理解挫折感的來源。這部分可以從父母自身開始想一想，因為孩子多數承襲父母的思考模式與學習態度。

「啊，我輸了，我速度比你慢！」我刻意降低了演算的速度，好讓昕有多一點的成就感。因著這份成就感，昕在不知不覺中將他討厭且重複的演算題算完。當

然，有時我反而會加快演算速度，以催促他想挑戰的欲望。

「媽咪，你再找個十題，我們再比一下啦……」孩子央求的聲音不斷，我只好陪他繼續玩。

這次讓我意外找到了應對枯燥計算題的方法，我的內心鬆了一口氣。孩子願意完成枯燥的練習，也算是解決學習的危機之一。

米家教養

33 在超市，與孩子來一場算術遊戲

生活中有許多時間與空間值得探索，不需要刻意安排，而是透過各種心血來潮，帶著孩子一起遊戲。

在超市，可以玩算術與金錢管理的遊戲。讓孩子在定額的數據上，安排購物的預算，也可以成為一門實用且有趣的經濟管理課程。

學校的考試，讓孩子不免關注於該不該為了考試分數而被處罰的問題。我不知道是不是透過處罰與嚴厲才能達到學習效果，但是，我對學習的認知是，「熱情」代表投注大量的時間，「自我認知」會篩選真正有興趣的事情，當「熱情」加上「認知」，才會帶來真正的學習能力。

——父母最美的光陰投資，是孩子回過頭的眼神與信任

不久前，新聞有一則〈哎？算錯了……德國國債減少五百五十五億歐元〉，在歐洲許多國家面臨債務危機的時候，德國卻發現五百五十五億歐元的「意外之財」。由於二〇〇九年收歸國有的銀行不動產銀行會計的帳目錯誤，德國政府因此少掉一大筆的債務負擔，讓二〇一一年國債佔國內生產毛額（GDP）的比重，一口氣砍掉二點六個百分點。

當我看到這則德國政府的財經新聞時很詫異，如果連這樣重要的財經運算都不免會出錯，那麼請爸爸媽媽們高抬貴手，不要因著孩子考試的數學運算失誤差幾分而打幾下吧！

我始終認為，教育投資的是心力，而不只是金錢。

最美的光陰投資，是孩子回過頭的眼神與信任。

當我們年老力衰時，期望的是孩子的優秀成就，還是在你身邊的陪伴？嗯，這個數學投資題很值得想一想！

禮貌與尊重，孩子的人生必修課

在孩子的幼幼期，如果我聽到：「叫媽媽來幫忙！」那麼我會請孩子修正為：「請媽媽來幫忙！」

因為媽媽是用「請」而不是用「叫」的！

與昕走在租借錄影帶店的門口，突然聽見一聲：「借過」，這個聲音讓我有些不舒服。我心想，加個「請」字並不困難，如果我聽見的是「請借過」或是「對不起，請借過」，這樣的表達方式會讓人覺得禮貌多了。

我在心中犯嘀咕，順便提醒昕：「語言是思想的外殼」，說了不好聽或令人不舒服的語言，就好比張口缺了一顆門牙；有氣質的外貌也會因著小缺口而影響觀感。

話語的表達，代表著內心的思考。言語的談吐與社會中的階級、地位無關，而且可以透過自主的學習帶來改變。

透過環境中與他人相處的觀察，不難發現，在人際關係中，有著影響力或是迷人氣質的人們，多數有著迷人的口才。

迷人的口才並不是指華麗的詞藻或滿腹經綸，而是誠摯的態度與禮貌的用詞。這些用詞讓人感受到適切的表達，甚至影響了生活的舒適。

禮貌且溫暖的語言可以傳達人與人之間的溫度，也是人對人之間的一份心意。

米家教養

34 在日常生活中，就隨時調整孩子的遣詞用句

在孩子的幼幼期，如果我聽到：「叫媽媽來幫忙」，那麼我會請孩子修正為：「請媽媽來幫忙！」因為媽媽是用「請」而不是用「叫」的！

語言，可以帶來自我成長的吸收與環境的創造。當你有著敞開、接納的語言，

在這樣的生活中，就算不想成長也很困難。

就像美國FBI訓練紙鈔的鑑識方式，是讓這些鑑識人員生活在「真鈔」之中。對孩子的教養也是如此，讓孩子生活在真善美的氛圍中，孩子對於真實與虛偽也會養成足夠的判斷。因此，語言的態度與用詞，是成長學習的重要課程。

「媽咪，剛剛你聽到『借過』還算是正常的，有時候還聽到有人直接喊『滾』，連『請』字都沒有……」

米家教養 35

從「綽號」了解孩子的人際關係

孩子在學校同儕間，彼此因為家庭習慣不同，但因著在學校共處，學習了一些「交際」語彙，我因而與孩子聊到同學間相互取綽號的事。

「綽號」代表著孩子在學校的人際關係與形象。從孩子與班上同學相互稱呼的別號，可以約略得知孩子在學校與同學交流的方式與特質。

不禁想到以前念書時，班上同學私底下總會幫老師取一些綽號，這些綽號都代表老師的教學風格與特質。有些是因著與老師友好的緣故，以綽號相稱是因著喜愛老師。

稱謂，代表了心目中對合乎稱謂的人的滿意度。從孩子稱呼老師的語氣，也可以理解孩子在學校與老師的互動。

當孩子直呼老師名諱，而不加上「老師」的稱謂時，那代表班上同學對老師有一些偏頗的意見。這時，家長最好花一些時間理解孩子的反應，從當中了解孩子的校園生活，或者理解孩子的困難。

米家教養

36 遇見與自己兒女相近輩分的孩子，也以兄、姊尊稱，這是孩子該有的禮貌

有些家庭可以直呼名諱，但在我與米爸的原生家庭，輩分是一種必要的認識。因此在家中或家族的活動，即便遇見與逸、昕相近輩分的親友孩子，也一律以兄、姊作為尊稱。

——禮貌與尊重，不能打折

在教導上，米爸與我仍堅持孩子的身分是學生。學生有學生的本分，與應當遵守的禮貌，這是無須討價還價的。

稱謂，是一種身分。我的想法有些老古板，對於稱謂的事不願鬆口，即便我受

的是東方融合西方的教育。

父母需要對自己的言行多加小心，因為孩子是敏感的。孩子從大人身上學到行為與憂慮，即便是善意的開玩笑，都可能成為孩子的困擾。

如果我們期待孩子尊重長輩、同儕，並且愛護晚輩，那麼必須先從我們尊重孩子開始。

米家教養 37

父母要告訴孩子「為什麼這樣做」，品格才能內化

品德對孩子而言是抽象的概念，孩子甚至會好奇，品德是長什麼樣子呢？我認為品德涵蓋尊重、誠實，還有尊敬，這些都是帶有「行動力」的名詞。當孩子以自我為中心時，要如何形塑孩子的行為？

許多孩子無法認同父母教導的價值觀，是因為大部分父母在教導孩子時沒有給予行為的理由。父母也許會告訴孩子「怎麼做」，卻沒有告訴孩子「為什麼這樣做」。

就像孩子在朋友的聚餐中常常被要求「安靜」。知道「如何」，而不知道「為何」，結果就是孩子無法安靜，繼續做著他們想做的事情。

長大後，孩子也許成為表面上看起來有道德行為的人，但內心卻不具備道德原則。因為他們學會在各種狀況下如何表現，卻不一定明白行為背後的理由。「怎麼做」是外在的行為，「為什麼這樣做」是原則。將「行為」與「原則」說清楚講明白，是為人父母的責任。

——如何處理大人最頭痛的孩子吵鬧問題？

我曾因為講電話讓孩子等待太久，孩子因而焦躁不已。當時我只知道要孩子「安靜」，好讓我可以好好與朋友說個話，然而，卻沒有給孩子「安靜」的方法與理由。

即便我告訴孩子，吵鬧是極不尊重的態度，以及給了孩子玩具、餅乾、書本、畫筆，能用的法寶幾乎全上場了，卻仍無法奏效。

米家教養 38

建立與孩子溝通的模式，如兒子一拍我，我知道自己還有十分鐘的時間

直到有一次，昕輕拍我的肩膀，當時我正講電話講得口沫橫飛。這個不經意的舉動，讓我找到如何避免孩子在大人說話時不插嘴。

自此以後，當我講電話，孩子只要輕拍我的肩膀，我們就很有默契的知道我還有十分鐘的講電話時間。只要他們輕拍我的肩膀，我就會告訴電話裡的對方，我要準備掛電話了，而不是讓孩子在旁邊等我講到天荒地老，這就是給予孩子安靜的理由與方法。

——理性處理親子間的不同需求，彼此才不會受委屈

這個方式也同樣可以運用在與朋友相聚時，孩子在一旁等待媽媽聊天談話，卻不會打擾對話者的好方法。

昕特別要我補充一個祕訣，「如果連十分鐘都等不了，那麼可以握緊雙手，做出祈禱姿態，讓自己冷靜。」

當昕要我書寫這段時，我的腦海裡馬上重現我所熟悉的禱告身影。

米家教養 39 父母必須清楚告訴孩子，為什麼「不可以」，以及幫助他完成

因此，下一次告訴孩子「不可以」或「安靜」的時候，請好好告訴孩子理由。讓孩子知道「不可以」亂跑，是因為擔心碰撞的危險，而「安靜」是因著尊重，並

且避免干擾與他人言語或對話上的溝通。

重要的是，幫助孩子想一個辦法。告訴孩子，如果能坐在椅子上用餐，那之後就可以出去散步，給他們一個時間上的分界。

這些協助就像是導師，讓孩子的自私轉變為自制。當孩子的行為從外在轉為內心，當這些都刻畫在心版上時，孩子的行為動機就能從外表的遵行，轉為內心的真實出發。

——如何處理孩子的怒氣？答案是：好好聽孩子說話

尊敬父母應該是一種愉快的經驗，但是它背後要探討的是，孩子是發自內心的尊敬？還是尊敬成了孩子的負擔？

孩子最大的困境是，他們對父母的怒氣沒有防禦能力。如果不讓孩子將心裡的想法說出，積習的怒氣就會成為挑釁的行為。冷靜地聽孩子的怒言也許不是讓身為父母的你感到愉快，但比孩子用行動反應要來得好多了！

不幸的是，當孩子說出怒言時，多數父母比孩子還要生氣。疑問著孩子怎麼可以對父母這樣說話，或者吆喝不要再聽到孩子這樣說話，懷疑孩子對自己身為父母的尊重……結果，孩子選擇乖乖閉口不說，因為說了也沒用。或索性公然的反抗，用最強烈的方式反應。

怒氣的管理是需要學習的，藉由各種方式，幫助自己了解孩子的怒氣。一種有效的方式是，請先好好地聽孩子說話。

孩子需要學習合乎道德的思考方式，洞悉行為背後的理由。這是一個可貴的學習。

當孩子的態度轉為心甘情願，代表父母已在孩子身上築好品德的籬笆，也帶著孩子抵達「尊敬」的起點。

——孩子真誠說「請」、「謝謝」，並且了解背後的原因

孩子在每次的購物或外食後，總會跟爸爸媽媽說聲：「謝謝。」對於初次到我們家拜訪的朋友總會有點兒詫異，他們認為孩子太客氣了！

這習慣究竟是從何時開始養成的？我也不清楚，但我知道孩子說「謝謝」是真誠，是出於感激與體諒父母賺錢的辛苦。在家中養成說「謝謝」與「請」的習慣，是提醒孩子對父母的付出。這個教導，對我們而言也是一種禮貌。

——教養，不在養出完美的孩子

我一直認為育兒不在於養出完美的孩子，而是從他呱呱墜地後開始愛他、教他，使他長大成為一個成熟負責，且敬畏造物天地的人！

眼淚，醞釀著許多的芬芳，在這個過程中，你會看見挫折、鼓勵與前進。與孩子的相遇，磨平了我們的稜角，修直了我們的路徑！孩子的尊重源自於與父母的親密關係。我們因著孩子改變，不是在一時一刻間，而是在為人父母一生之久的過程中，逐漸被磨練、提升。

家，不是「主張」，是「分享」（上）

呼喊听出門趕時間時，口語上的「快一點」似乎沒有太大的作用。因此，我學習使用他最能體會的方式，直接將背包放在他的肩膀上，或者拉著他的手，透過肢體與實際物品的接觸，可以有效地告訴他：「時間快到了，我們得快點兒出門。」

最近特別喜愛能更換筆芯的鋼珠筆。前去文具行購買筆芯時，挑到了一枝筆頭分岔導致墨水無法書寫順暢的產品。購回後讓自己苦惱了一些時間。突然靈機一動，為何不將筆頭更換？我興沖沖地將一枝原本要更換丟棄的綠色墨水筆頭拔了起來，裝在這枝新購買的筆芯上。一開始時，墨水因著藍綠交替，有許多的混雜，漸漸地，顏色愈來愈清晰，書寫也舒暢了起來。

家，是回憶的倉庫，得想法子處理這些層層疊疊的記憶。生活中也常會發生筆頭分岔的狀況，讓我們內心的感受無法順利地說出，以至於表達不順暢，甚至被誤會了原本的關心與熱情。

米家教養

40 若家人讓你傷心了，請讓對方知道，才不會折損你們之間的愛

人們在得不到贊同的時候容易變得專橫，當人們試著為自己辯解的過程中，批評使得原本容易的事情變得困難且複雜。免受批評是每個人的渴望，然而，要如何改善關係，並且免於情緒負擔的正向思考？

真正優質的溝通，是能尊重並且欣賞對方的優點，減少歧見，並且能真心地表達感激。當你的朋友或家人，做了令你傷心的事，應當讓對方知道，別假想或希望對方能明白而先來找你道歉。因為積壓與埋藏情緒太久，它們會在不恰當的時機爆發出來，衝突多數是想證明自己深具價值，有時甚至將不相干或者喜愛的孩子人牽扯進來。

人們常不小心以怒氣來展開溝通，並且無意識地讓對方感到沮喪。其實，價值觀的對立，容易引發衝突。差異是很自然的存在，接受彼此不同是存在的事實，如果能在定位對方不同的意見出發點，是幫助而不是傷害。當你願意站在這個觀點，放下防衛並且發現值得感激的某些事情，並且探索彼此的差異，能分享對立價值的不同，允許彼此可以有所不同，也會帶來彼此接納。

家庭的關係不是「主張」，而是「分享」。「主張」只需要一個人，分享就需要兩個人才行。分享差異並不需要同意，但是必須接收對方傳送過來的訊息。當你願意放棄要求，才能平靜地與對方分享彼此的差異，不帶怒意地回想自己的感覺，並且解釋何以讓對方誤解的理由。

米家教養 41 看重另一半為你做的事，哪怕是很微小的事

將批評轉化為感激真的有用嗎？我想多數人，對於真誠的感激不只是喜愛，而是「求之若渴」；對於夫妻的關係更是如此。看重伴侶為你做的任何小事，發現與鼓勵伴侶的價值，並且真誠地表達感激之意，這是創造雙贏的溝通關係。

——如果不表達，再多的愛，也是徒然

我很喜愛艾爾加充滿愛意的〈愛的禮讚〉作品（Salut d'Amour）。當時在事務所上班的他，認識了大他九歲的妻子艾麗絲，艾麗絲寫給艾爾加一首情詩。這首情詩成了艾爾加的創作靈感，這首作品不僅成為兩人愛的證言，也成了至今婚禮上最喜愛的婚禮音樂與甜蜜祝福。

音樂表達了人們對愛的歌頌，人們透過不同的語言或題材詮釋，唱著同樣的旋律！媒介透過語言、樂器、繪畫、戲劇、舞蹈、文學作品……譯介種種的形式，不也是一座橋？

米家教養

42 只有了解男女本質上的差異，才能減少衝突與眼淚

有一份研究報告，顯示女性可以同時炒三個鍋，同時可招架郵差、煮飯與小孩的睡哄，而男性只能專注於一件事情。

先天的差異是要面對的現實，例如男性受氣回家時，通常不會想對話，而是拿著遙控器或者滑鼠看著螢幕紓解壓力，而亞洲傳統觀念對男性的標準是喜怒不形於色，以為得到鼓勵的方式是依靠成就而不是表達感受，所以當男性受傷時得忍受疼

痛，代表他的成熟。而女性被教導著被愛就要失去自我，所以總是忍耐著溝通上的摩擦而忍氣吞聲。

無法解決的差異，反映著不同的靈魂與個體不同的價值觀、原生家庭、人際關係所產生的影響。我腦海顯現了一個不懂表達感受與聯繫的男性，與失去自我的女性組成家庭，這是一個有著如何氛圍的家庭？

男性不喜愛被批評，女性害怕被忽略。男性需要無條件的接納，女性想要在對方的內心居首位。男性習慣性地幫女性解決問題，但是當他無法解決女性焦慮的問題時，會覺得自己的能力不足。而女性希望男性了解與傾聽，並且常在你的思念中。

「愛」，有時會讓人沮喪，因為無法傳遞，或者傳達的情感不夠強而有力。慣用著自己所習慣的語言，以為別人一定懂得；其實內心深處可能對於他人所表達的情感語言卻無法理解，或者不夠敏銳。

「愛」是一種表達與傳達的語言，需要有意義的連結。我回想自己是否因著不夠深刻了解，而失去了解另一個生命的美好心意？

語言，傳遞了居住在這裡的人們思想，是思想的外殼，就像一座橋，過渡人從此地到彼地的媒介。表達的情感言語，也許會因著溝通的距離，彷彿像是外國語言。

米家教養

43 找到屬於你們家的「愛之語」

蓋瑞・巧門（Gary Chapman）是一位從事二十年的婚姻輔導專家，他發現人際之間基本有五種表達情感與愛的語言，分別是「送禮物」、「精心安排的陪伴時間」、「身體的接觸」、「肯定的語言」、「服務的行動」，總稱為「愛之語」。

——為家人做「愛之語」的排列順序

每個人對於各種不同形式的「愛之語」表達方式都有不同的感受。得知這個具有改變性的幫助後，我們全家一起做了關於「愛之語」的排列順序。愛的語言是雙向的，而我更是體認到，能適切地將愛傳達，是一件美好的事情！

米家教養

44 了解孩子喜歡哪種「愛之語」，教養更有效率

逸最喜愛「肯定的語言」，因為鼓勵性的話語、謙遜的肯定，讓她感覺自己被欣賞。

當孩子對肯定的語言有強烈需要，孩子對父母口中說的每一句話語都會相當敏感，尤其是負面的語言常帶來挫敗感。原來，逸對於口頭上的稱讚是如此的重視。家人與朋友送給她的鼓勵的小卡片與字條，都是她視為珍貴的寶貝。

對於喜愛身體接觸，喜愛擁抱親吻的昕而言，「身體力行」與「眼見為憑」勝過理論說教。

回想過去呼喊昕出門趕時間時，口語上的「快一點」似乎沒有太大的作用。因此，我學習使用他最能體會的方式，直接將背包放在他的肩膀上，或者拉著他的手，透過肢體與實際物品的接觸，可以有效地告訴他：「時間快到了，我們得快點兒出門。」

米家教養 45

睡前談心，表達無止盡的愛

睡前的按摩，將我對孩子的愛注入那輕輕揉慢慢推的緩慢動作裡。指尖有著我的關注、我的呼吸，還有我對孩子無止盡的愛情。

——孩子的動人回饋

當我疲憊或沮喪時，昕會用手抱著我說：「媽咪！你怎麼了？」逸則是遞上一張加油字條或是鼓勵的言語。這是他們透過不同的方式，表達對我的關注與疼愛。原來，孩子用著他們感受最強的「愛」來表達他們是何等的愛你。

——不同的家人，選擇不同的「愛之語」

了解先生、孩子與我之間愛的語言，選擇適當的「示愛」方法是必要的。溝通需要學習尊重，並且嘗試使用對方能感受的「愛之語」，才能產生有效的傳達。因此，當我想鼓勵逸時，需要口語的表達，但若能寫張卡片更好。昕則是給予一個溫暖的擁抱，勝過千言萬語！

情感就像插頭與插座，愛要插對插頭才能有效地傳達。有些人，因著不曾被擁抱或是不曾被鼓勵，退而求其次，成了不善於表達，或是常常表達不適當的人。

明白各式的「愛之語」也是一種需要，因為我們周遭有著各式各樣的交集。氣質與環境會影響每一個人對愛的感受與順序。家庭親密關係的穩固得來不易，因為酸甜苦辣過程中帶來的真實，更顯得可貴。它是享受，而不是認命。觀察與辨識「愛之語」的交集與認識彼此的順序，讓彼此的關係更上一層樓。

家，不是「主張」，是「分享」（下）

「立刻把餐桌收拾好」與「請你將餐桌收拾好」，哪一句話比較能鼓勵孩子？堅定而溫和的話語比較能鼓勵孩子，使他們善意回應我們的想法，而不會斷然拒絕。

在人與人互動的關係中，需要了解許多情緒的密碼。而聆聽，是一件不容易的事情。因為我們有著平日的習慣，需要開啟另一種聆聽的模式，使得自己與對方的溝通更為順暢。

——在耳濡目染下，兒子對米爸的細膩觀察

每次米爸吹著口哨回家時，昕都這樣說著：「爸比今天很高興！」「你怎麼知道爸比很高興？」我好奇地問著。我反而沒有觀察到這個細節。「因為爸比心情好都會吹口哨，而且吹的是一首輕快的歌曲！」

孩子總能敏銳地察覺到父母的高興，對於生氣當然也很敏感。親切的話語和摯愛的話，都像是在說著「我在乎你」。這些話語就像是溫暖的雨水灌溉在靈魂的心田中，滋養孩子內在的價值與安全感。

米家教養

46 父母放下手邊事，專注地聽孩子說話

我在一些教學或活動的過程中，發現有些人說話時會別過頭去，與他人交談或者眼神凝視窗外。也許這些行為並不表示心不在焉，也能適時對於發問有所回應，但是在當下都讓主講者有著不禮貌的感受。偶爾的分心、講電話，或找個文件翻著書本做著其他的事情，總給人帶來一種不太好的情緒。

當孩子與父母說話時，看見父母盯著報紙或電腦說話，讓孩子有著被漠視的感受。態度顯現著父母對孩子關注的程度，若傾聽的時間過短、態度像是長官的訓話，或是假裝地傾聽卻三心兩意、選擇性與過濾性的傾聽，對於不喜歡或反感的東

西，自然地不注意或者忽略一些問題，充耳不聞，都帶來不舒服的感受。

——愈是親近的人，我們卻愈容易忽視

聆聽，比任何道理都更具有說服力。在人際關係上最常犯的毛病，是忽視身邊最親近的人。人們對於陌生人因為基於禮貌，反而會選擇專心的態度聆聽對方的表達，而身邊親近的人，反而容易表現出不專心甚至是不耐煩的表情。

「你懂得傾聽嗎？」「想想看最喜歡和誰在一起？」「你覺得誰是最好的溝通者？」「喜歡和誰一起工作？」仔細分析這些人的共通處，會發現自己其實最喜歡與專注傾聽的人在一起。

例如我很喜愛與妹妹聊天，與她說話時，她總是專注地看著我，試圖理解我內心的感受，妹妹的態度讓我很願意分享內心的軟弱。與她聊天真是莫大的享受，是一件愉快的事。

米家教養 47

聆聽不是天生，必須不斷練習

與對方說話時，眼神若不專心地看著對方，會帶來相當挫折的感受。眼神最能表現一個人是否專心傾聽的表徵，所以當我與家人說話時，習慣彼此定睛在對方的表情與眼神。你可以拉著對方的手，專注地看著對方的眼睛，這些細微的動作代表著你的重視。

——聆聽的技巧

另外，與家人說話時避免突然改變話題的習慣。突然改變話題會讓人不願意繼續交談，甚至「等一下」會帶來拒絕的感受。眼神飄忽不定，讓對方認為不關心與不想了解。

專注的眼神對自信心的養成有著深切的關係。從談話中，了解說話者心中的感受，或是話中真正的含意，發問代表你對問題感興趣的程度。如果對著一堵牆說話沒有反應，一定會覺得很無趣。

交談時，難看的臉色，會影響對方繼續說下去的意願。一臉冷淡的神情會讓人說不下去。當你說話時，如果毫不留意對方被你的話題引發的情緒，對方也可能拒絕聽你再繼續說下去。

所以，在聆聽時，要留心自己對某些話題的反應，也要體諒對方特別敏感的情緒。好的聆聽習慣需要反覆練習，只要願意開始第一步，就能養成聆聽的好習慣。

米家教養

48 別覺得不好意思，大方說出對家人的感激

分享感激，是我們找到新的家庭溝通模式，互動間也出現了新品質。它帶來溫柔與信任，並且讓我們感受到彼此的合作。「合作的對話」幫助我們建立更好的方式。

當你真心誠意地表達感激對方，伴侶會變得比較輕鬆，態度開放，並且願意了解你的觀點。即便觀點有差異，都可能有一些創意的好點子在當中，也可以成為彼此關係進步的跳板。

社會學家Lonnie Barbach與心理諮商專家Linda Levine在觀察協談過程中，發現女性處在有安全感、互相關心的人際關係中，會比較少注意自己，在精神方面比較放鬆。因為她們信任伴侶，且感受到被伴侶接納。

米家教養

49 至少找出三樣特質，握住另一半的手，讚美對方

讚美是一項決定。我與米爸開始學習讚美對方，這是一個透過分享感激的態度，來表示對彼此認真的鼓勵。

我們找出了彼此心目中認為三至五樣的正向個性特質，表達對彼此的肯定。我們握住對方的手，真誠地表達。當我們口中說出這些肯定的讚美時，內心會不斷奇妙地發現對方的優點，並且產生一股暖意的感動。

——對另一半的真誠感謝，會成為對方的信心源頭

祝福，在希臘文裡的意思是「說好話」，當我們真心誠意地感謝對方為我們所做的一切，這份感謝，也是欣賞。我發現，在表達的時候，最先改變的不是對方，而是我們自己。

這份感動讓我們發現彼此的美好特質。我們享受這樣的鼓勵，並且樂於重複，因為它帶來更好的關係。

當你明白對方的需要，並且能了解對方的感受，這份鼓勵就會落在內心正確的位置，並且成為信心的源頭。

家庭的關係對我而言有時像是一種嗅覺的關係。有時，我會從家人的身上聞到對方開心或失意的味道。

身上的氣味是由內心而散發的。我希望自己能常常散發馨香之氣，那代表我擁有正向的生命觀點，也與別人分享著。味道帶給別人對一個人的感受，我們如何思

考生活，也會帶來不同的態度。

米家教養

50 學習不抱怨，感謝擁有，讓其成為生命的養分

「使我們勝了世界的，就是我們的信心。」曾在一些事物上有著挫折感時，米爸勉勵我：「不要擔憂做不到的事，而是將心思放在有所作為的地方。超越困難與心思最好的方式，便是學習原諒，並且帶著這份光榮的傷口印記提升自己。當自己站在高一點的位置後，更新自己的心意，會發現事物的另一面與角度，先前的問題不再是問題，也有足夠的力量面對過去。」

生活是一個陶塑的過程，惱人的憂慮與抱怨就像卷破舊的錄音帶，嘶吼與重複著那沙啞的聲效。有時我們轉眼不看自己已經擁有的，卻專注於我們一直想要的。這是抱怨的起頭。輕看生活裡的祝福，卻放大了每個負面的遭遇。

我由衷地感謝米爸對我的鼓勵支持，讓我更加了解在生活中遭遇什麼事不重要，而是怎麼應對已經發生的事情，並且擁有權利決定自己做出什麼樣的反應。這些困難是一個辨識環境與人心的好機會，它的發生不是一個意外，而是我生命的養分！

——沒有人應該成為腳踏墊

前陣子代步的機車被偷了腳踏墊，驚訝的是被偷的當下我竟然沒有發現，也許我內心容許了那「一點點」沒關係，容許小偷在我漠視的細節中偷走那「一點點」。覺醒，是一件很重要的功課。當許多「一點點」漸漸被偷走，能力也漸漸地失去。

有名中年婦女這樣說：「我這輩子伺候先生與孩子二十多年，我不怨他，但是我也不願再與先生一起生活了。」這位中年婦人的青春歲月都投注在家庭中，先生在家人面前忽略她、用言語羞辱她，她覺得自己的生活就像是腳踏墊，沒有任何的尊重。我相信感受不到愛，會帶來婚姻的寂寞。

當我跟朋友分享這樣的故事時，多半有著悲慘的感受。其實它並非僅是故事，曾看過日本的新聞，不少婦人在孩子離巢後，深覺自己的義務已完成，所以決定離婚。

被偷去的腳踏墊帶給我一個故事的靈感，它是一個沒有生命的物品，你可以踩在它上面擦拭你的腳，它沒有自己的意見，它可以成為你的僕人，而不是你的愛人。

故事中的主角對待配偶就像物品，阻礙了愛的可能性。「沒有任何人應該成為腳踏墊」，因為人們有情緒、思想，是有著願望的被造物，而且有能力做決定和採取行動。

家庭中先生與妻子該做什麼、該如何相處，除了受著父母的影響，角色模式也受著社會的刻板印象。因為生長環境不同，夫妻彼此對婚姻角色的認知也有差異。我們行事的態度多數效法父母的角色模式。

為了拆除這一類的刻板印象，米爸與我經歷許多的溝通，為了更有效地表達愛，必須願意察驗與改變。因為保留刻板印象無法得到鼓勵，而真正能滿足夫妻之間的情感需求，才真是益處無窮。

米家教養

51 別覺得肉麻，以簡訊表達對家人的愛

許多人說愛在心裡口難開，我認為這樣的思考需要被改變，正因為這樣的習慣常常讓我們羞於表達，甚至認為曬恩愛是過度高調的行為。對愛的表達方式的刻板印象，其實常常帶來夫妻之間的傳達誤會。

我們喜愛用簡訊傳達彼此的關心。因為這樣的習慣，使我有點兒擔心手機遺失，因為當中有著太多我們關心彼此的簡訊、不吝惜的分享，還有相互安慰。

為了拆除這十五年來婚姻生活的刻板印象，需要學習彼此能感受到愛的方式。

透過文字，即時地將感受隨時告訴米爸。即便米爸只是短短一句收到或者感謝，我都喜愛任何文字的回應。對我而言，這短短的愛的信箋，都是愛的表達，可

以滿足內心的情感需求。

記得有一次心血來潮，在米爸中午工作的休息時間，我們前往一家港式餐廳吃了一頓「地雷餐」，口感雖然不佳，但是能有另一半陪伴的午餐，遠比華麗的下午茶還要可貴。

米爸用餐後，趕忙著回到工作崗位。我在返家途中，坐錯了公車，司機先生極好，提醒我下一站下車。在短短的乘車時間中，也感受到台灣社會散發的濃濃人情。

我趕忙發了一通簡訊，在返家的公車上與米爸分享：「親愛的，謝謝你的陪伴，能與你一起享用午餐，連地雷餐都成了甜蜜午餐。剛剛搭錯公車，司機先生非常好，讓我省卻了搭錯車的車資，雖然是十五元的車資，卻讓我有好深的感動。如果我是搭計乘車或自行開車，那麼我將會錯過這次感受到人情溫暖的美好經驗，謝謝你的陪伴……」

米家教養

52 在晨讀中，反思自己的教養

我鼓勵許多身邊婦女朋友傳達對先生的鼓勵與愛意。一開始也許有些不容易，甚至覺得詞窮。其實你可以從書籍或朋友的言談間只要聽到好的愛之語，就努力寫下筆記。我想，沒有人會拒絕這份美好的愛情語言。

如果在生活中有一種習慣，已經跟它和平共存了很長的時間，當然會認為這種習慣理所當然，這樣的習慣讓人們不必太花腦筋就可以面對複雜的生活。「聽」與「說」的能力，是從思想延伸而來的習慣。如果沒有足夠的動機，習慣也難以改變。因此，早晨我會在晨讀中檢閱自己的習慣：

「與孩子的對話中，是否尚未等到孩子將話語說完，便為這段分享下定義或做分析，以至於對話者原先想說A卻轉彎到B，話語尚未表達清楚，卻莫名其妙延伸出另一種情緒。」

「每個人的感受與經驗有限，它與年齡、性別沒有絕對的關係，提醒自己不要輕易地將自己有限的經驗與情感，揣測孩子的感受。情感與經驗可以因著特質的差異而成為無限，它往往超乎有限的經驗值帶來的想像與界定。」

我發現，每天提醒自己，聆聽的功課就會漸漸進步了。

米家教養

53 「肯定對方」是可以練習的，例如準備記事本，隨手記下聽到的肯定話語

生命有一種循環，少了自省與警覺，會因著上一代的相處模式而重複相同的形

態對待下一代，並且成為家庭建立過程中的中心思考與信仰。然而，家庭的經營並非只有外在表現的行為與形式，還有一個更深的層次，是自尊的內在，它是歸屬感的需要、價值感與自信心。

家庭是人們學習語言的起點，刺耳的說話方式會讓表達的雷達搜尋錯誤的方向。用不適當的態度傳遞「對」的信息，讓愛的主題失色不少。無論是正向與負向的語言，會讓話語藏在心中咀嚼許多年。

或許，你也不經意地發現自己有著難以開口說鼓勵話語的特質。那麼，為自己寫下肯定言詞的記事本是一個好方法，當你聽到肯定的話就記錄在本子中。

米家教養

54 父母多用堅定而溫和的話語，比較能鼓勵孩子

我曾用筆記本記下自己的練習：「立刻把餐桌收拾好」與「請你將餐桌收拾好」哪一句話比較能鼓勵孩子？我發現堅定而溫和的話語比較能鼓勵孩子，使他們善意的回應我們的想法，而不會斷然拒絕。愈常練習，這些正向的語言就會成為你的好習慣。

說話的音量與語氣會影響對方的反應。革除舊習慣並建立新的模式，你將會在

對方的臉上看到這個效果，特別是他們眼神中自信且溫暖的流露，你也會從對方的口中聽到鼓勵你的話語。

米家教養

55 全家人躺在床上，親密的生活分享，並給予對孩子的語言肯定

我們喜愛全家躺在床上，互相分享在生活上的觀察，並給予實質上的語言肯定。

「逸，傾聽是你給媽咪的美好禮物，謝謝你常常扮演著媽媽的陪伴者，給媽媽許多的安慰，還有肯定。我相信你是一位很有智慧的女孩，我也在心中如此祝福著你……」

「媽咪，謝謝你常與我分享書中閱讀的經典佳句，還有很棒的觀點，這些分享都帶給我很多鼓勵與肯定。」這是來自逸對我的肯定，我也透過她的肯定，明白自己的努力在孩子身上的開花結果。

「爸比，謝謝你很忙碌，仍抽空陪我打籃球。當我跟你一起運動時，我覺得自己的力量變得更多，體力更好，謝謝你……」這是昕表達對米爸陪伴的肯定，也得知爸爸的陪伴對男孩是如此重要。

米家教養

56 孩子珍視米爸寫下的鼓勵字條

除了語言上的肯定，父親在書桌上留個簡單的字條，都是孩子的珍藏。寫張字條也許只要三十秒，但是這個動作帶來的影響卻難以估計。

「鼓勵的話」與「鼓勵的父親」有著一種特別的形象連結，讓「鼓勵」存在親子的關係中。其實真正的「鼓勵」並不只是話語，而是父親的笑容與表情，因為「鼓勵」帶來信任，父親成為「鼓勵」的源頭。

人們在生命中都在尋找重要的感受。激勵他人，讓他人喜歡與你分享與共處，方法就是衷心讓別人覺得他自己很重要。

當我們慶幸自己能有這麼好的另一半，心懷感恩的人會帶來生活的喜悅，並且將這份喜悅分享出去，以善意影響善意，擦拭蒙塵的心，會讓這份愛重新發亮。

當家人的「空調」，而非「溫度計」

對於家庭的經營，我開始學習不是當一個「溫度計」，僅反映著環境周圍冷與熱的溫度，而是成為一個可以改善氛圍與溫度的「空調」。

米家教養

57 父母陪孩子學習，共同享受學習的樂趣

不久前，好友Stephanie從瑞士返台探親，那幾日在台北的生活讓我們幾乎每晚

聊到深夜兩三點還欲罷不能，對我而言，那真是一段極美好的分享時光。

Stephanie返回瑞士前，將瑞郎交在孩子手上，給孩子一個約定。喜愛閱讀的Stephanie告訴逸，有更多法文的心理學叢書非常精采，若能學會法文，可以擴充閱讀的視野。

因著美好的動機，讓閱讀與語文的學習有了連結。這份無心插柳，卻成了孩子美好的學習目標。孩子對語文的熱情，來自於想閱讀更多的翻譯書籍。語文與閱讀，是幫助孩子看見世界的眼睛；我似乎受到了逸的影響，開始驅策自己展開不同的閱讀領域。更進一步的，我想成為孩子的共同學習者，從孩子喜歡的事物入手，陪伴她一起享受學習的樂趣。

——別等另一半來了解你，你應該主動了解對方

Diana Issidorides為荷蘭國立科學中心的展覽規劃師，對於心理學、腦部與遺傳學有許多的研究，也有重大的影響與發現。他的著作《愛的地圖》（Landscapes of Love）描繪嫉妒、脆弱、恐懼、逃避、心跳、情欲等身心理反應，將面臨的十字路口以及戀愛時種種必經的歷程，化為一幅通往真愛島的地圖。在探索的旅程中，Diana Issidorides提出了十五個提問，作為兩性溝通的起步。

這十五個問題不僅是希望身邊的伴侶了解我們，而是我們先主動了解身邊的家人與親密朋友。要成為觀念的播種者，自己必須先採取行動；當我與身邊朋友分享這十五個問題，從一開始的點頭稱許，到後面提問的猶豫反應，便可得知我們對身邊親密伴侶的心靈世界似乎沒有足夠了解。

01 他／她最喜愛的食物
02 他／她最討厭的食物
03 他／她最喜歡的電影
04 他／她最喜愛的音樂
05 他／她最喜歡的書籍
06 他／她最好的朋友
07 他／她最難應付的人
08 一件他／她喜歡的事
09 一件他／她討厭做的事
10 關於他／她童年一個快樂的回憶
11 關於他／她童年一個痛苦的回憶

12最近他／她發生一件快樂的事
13最近他／她發生一件憂愁的事
14一個他／她深切的期盼或夢想
15一件你／妳若做了會讓他／她很開心的事

一場往日的「約定」事件，影響至今

透過這些問題的分享，我回想起小學三年級被誤解的經驗。當時的我攜帶鋼琴課繳交的學費，不慎落在操場上。一位好心的同學及時撿到，我帶著開心的心情，說了聲「謝謝」，拿回學費。導師交代我，回家後得告訴爸媽，且要記得送這位同學一份禮物。

隔天上學時，因忘記與老師之間的約定，對於老師深切的責備難以忘懷。童年的經驗，常成為成年後處理事情的情緒線索。或許正因如此，我對於「約定」的義務與責任特別看重。

前些時候因著櫻花季，拜訪了多年不見的陽明山。看見廣場前的花鐘時，有著好大的驚訝，因為在我腦海中的花鐘是巨大的、豔麗的，它就像是古堡中的大花園。這次看到花鐘，發現它變小了。

米家教養

58 擺脫過往受挫經驗影響，是每個人的生命功課

孩童時期的我，主觀的經驗是巨大的，而思考與想像也凝結在那一段靜止的時間中。當生命漸長，面對真實後，也懂得用客觀的經驗與成熟的眼光，去面對「當初」的過去經驗與內心的歷史。

「關心」包含著好奇，對親密伴侶感到興趣，才能帶來探索彼此生命歷程的動機。與米爸聊起了過往的經驗，最大的收益是察覺自己的內在經驗，反省過去在我生命中發生什麼事，並且做一些改變。透過這些生命故事，米爸了解我對於「約定」特別看重，並且為兩人的關係帶來更深的體諒。

——因為理解，所以米爸對「約定」特別貼心體諒

有一次參加孩子與同學們的聚餐，原本約定這次的歡樂合影由米爸拍攝，但是礙於研究生畢業口試而無法抽空陪伴用餐的米爸，不得不更改行程與約定。

我背著沉重的攝影背包，警覺到內心對這個「約定」無法履行的失落感。到了餐館，突然看見米爸出現在餐廳裡，他在中午休息的空檔，馬不停蹄的趕到現場為

孩子們拍照，完成拍攝後，再將攝影器材帶回工作室。

這份體諒讓我有著好深的感動，我清楚自己不需要特定日子的禮物，也不需要豐渥的物質與旅行，一個貼心的體諒可以讓我覺得擁有世界最美的情感。

或許，過去的生命經驗像是一杯混濁的墨水，不斷注入的清水是成熟的新經驗，才能使得原來的污濁漸漸澄淨。

情感的經營與分享不是變魔術，需要花許多時間學習，尤其是坦誠分享敏感問題的感受。親密夥伴之間，最大的挑戰是體會對方表達情感的真實感受。

藉由明白過去的經驗帶來轉變，家庭成員的情感互動經驗可以藉由同理心的角色理解過去久遠的歷史，去經驗和看待我們過去承接的學習，並透過諒解進而學習新的領悟。

米家教養

59 誰說君子遠庖廚？——愛，讓米爸為家人下廚

我喜愛米爸為家人煮一餐美食的享受，或者為辛苦育兒的我切盤水果，將荔枝的皮剝得乾乾淨淨也覺得好貼心。被服務的感覺真的很尊榮，先生一點點的付出，會讓家中的妻子燃燒自己都甘之如飴。

當家庭成員不斷地抱怨著同一件事，那件事其實也代表著內心最深的期待。那麼，何妨順應一下？服務是表達內心對家人關愛的美好事情。服務的行動可以成為孩子負責的學習，幫助他們免於以自我為中心且懂得幫助別人。

曾有一份研究報告，他們從心臟病開刀的患者發現，身旁若有規律性與意義的情感連結，或從宗教信仰得到安慰力量的人，在六個月內有七倍痊癒的能力。

米家教養

60 從小就讓孩子養成幫阿嬤開車門，繫安全帶的習慣，以培養體貼的心

從孩子小時候起，我們耳提面命著孩子，要他們為婆婆開車門，並繫上安全帶。這個服務的動作，讓孩子明白照顧阿嬤是義務，並透過服務的行動表達對婆婆的關心。

我們都有各自不同的天賦，透過家庭成員不同的氣質與能力互相幫助。愛的服務是一份禮物。孩子容易以自我為中心，讓孩子對家人有著服務的行動，是為著幫助他們成熟，並且透過行動照顧他人的需要。

孩子不會記得誰替他們換過尿布或餵奶，但看到別的父母這樣照顧孩子，他們會搜尋著替他們換尿布或餵奶的記憶。藉著充滿愛的服務行動，讓孩子明白關愛與

照顧對於生活的重要，當孩子成熟時，會逐漸注意到別人在他們身上所做的事。

米家教養

61 母親節，寫張卡片，謝謝婆婆

今年母親節的卡片比較特別，我寫了對婆婆的感謝。謝謝她養育了一位很棒的兒子成為我的丈夫，成為孩子的父親。這些年的辛勞，希望我們可以更加的孝敬她，使她在生活中擁有著平安且喜樂的心情。

愛的服務是從內心真誠發出的願望，也是想要將自己的心力投注在對方身上。

——付出，是最大的笑容與溫暖

昕做了幾個小門牌，作為他的「獨立宣言」。他在「請勿打擾」的圖樣上，畫著一個沒有笑容的臉孔。原來，失去笑容的臉龐，就像是臉上寫著「請勿打擾」，這張牌子讓我們知道要保持距離。

笑容的珍貴，是因為那代表著內心的熱忱，也代表著對對方的好奇。我不禁想著，沒有笑容就像是反映著內心的冰冷，如果我板著這樣冰冷的一張臉，孩子應該會畏懼接近我吧？

人們最殷切的需要是渴望受到重視。笑容，是一份寶貴的禮物，是一種幸福的感受。

記得有一次在東區搭乘捷運時，車內站了一位年邁的爺爺，因人潮眾多而站得顛簸，我鼓起勇氣牽了他的手過來乘坐。

我站在一旁，他不時地以感謝的表情回應我。下車前輕拍了我的肩膀，示意要下車，並且將座位特意讓回。老爺爺下車前，給了一個我從未如此感動過的表情，那笑容讓我感受到城市裡的溫暖是如此的動人。

一個善意的動作與微笑，可以讓你發現生活裡的豐足。我們用眼睛觀察著這個世界，也用身體閱讀著生活的語言。發生的小插曲，在我的生活燭光裡，微微地釋出心靈的光亮！

微笑不只是臉上的表情，也代表著積極的人生觀。它像是將生命的愉悅，努力地傳遞到另一個人身上，好讓對方回應而揚起微笑的嘴角。它為家庭培育歡笑與關愛，使得憂傷得到撫慰。這份因著關愛而發自內心的愉悅感，在臉上形成的燦爛笑容，讓家庭的氛圍與情感閃閃發亮。

米家教養

62 站在對方的角度，才能真正解決對方內心的需要

曾在《商業周刊》雜誌閱讀到一篇文章訴說著勉強。作者驚覺這是一個無處不「勉強」的世界，用著各樣的形式存在。

老師「勉強」學生讀書；父母「勉強」兒女用功；小孩「勉強」爸媽給零用錢；主管「勉強」部屬完成工作；業務員「勉強」客戶下單；政府「勉強」人民繳稅……粗魯而直接的勉強叫命令；文雅、含蓄的勉強叫溝通；用道理去勉強稱為說服；詭詐的勉強叫欺騙；用好處去勉強叫引誘；炫惑的勉強叫廣告；不斷的勉強，叫鍥而不捨。勉強是一切事物的原動力，任何工作、任何任務，都需要不斷的勉強自己、勉強別人，才能夠完成！

看到這段關於「勉強」的形式，我想著與其「勉強」，我會選擇「渴望」。因發現他人的「渴望」，是成就自己與他人建立關係的動機。換個角度理解與思考，能更有效地解決難題。

在許多報章雜誌中看到一些優秀的企業分享，最好的經營不是「如何策略地販售」東西，而是幫助顧客「如何聰明的購買」。站在對方的角度，才能解決對方內

心的需要。「幫助」與「需求」因為立場不同，心裡的感受也不同。

——溝通的祕訣，是想想對方最在乎什麼

我想著當時在紐約的博士班面試時，評審老師問我為何會選擇紐約的B學校，而捨棄原先在A學校進行的學位。當時如果我告知老師，B學校的環境比較符合我陪伴在米爸身旁的學習。我猜想面試的老師們會無法理解我的想法與需求。

因此，我轉化立場，改為表達「需求」。我告訴評審老師，這裡有我最需要的主修老師，可以協助我兼具家庭生活與學業的夢想。我對於自己學習能力與助理教學的能力，也有自信能符合B學校的需求。

溝通在於立場，需要了解對方的「渴望」，才能驅動工作的動機。引發渴望最重要的並非讓自己的意見被看重，而是在互助的團體中，讓彼此的關係運作順暢。

辛苦的農夫對於田園中栽種的種子不如預期時，並不會責備種子，而是提供更好的成長條件。改善家庭的溝通及關係作為生命的基礎，我堅信著人們可以持續成長、改變及開拓對生活的新信念，我相信也會對個人帶來正向的處世觀點。

63 學習當改善家庭氛圍的「空調」，每個人都擁有這份能力

對於家庭的經營，我開始學習不是當一個「溫度計」，僅反映著環境周圍冷與熱的溫度，而是成為一個可以改善氛圍與溫度的「空調」。因為，家庭是一個互助的團體，能為家庭成員的立場考量，才能說服對方理解你的內心。

行動需要結合內心的渴望，才能找到順暢溝通的途徑。「渴望」當然不需要勉強，一個甘心樂意的人，是充滿愛並且有著強烈行動力去實踐的人。

女兒最獨特的急救包，是愛，也是禮物

給孩子的紀念品中，有個為女兒準備的化妝包。裡頭裝的是孩子即將面臨的青春期需要的生理用品與止痛藥。

雖然至今因時機尚未成熟仍未使用，但有趣的是，孩子班上的同學都知道遙有一個特別的化妝包，這個化妝包反而幫助了許多女孩成為女人的「急救包」。

家中有一個帶著歷史的陳舊木箱，是我的紀念品寶盒，置放著米爸與我從相識到牽手走一生的禮物與珍貴的回憶。

這些紀念品，是記憶生活的味道。每一個紀念品都有其意義，也代表著我們經歷的悲傷、喜悅與徬徨。紀念品訴說著我們的家庭歷史，每一個物品背後都有著味道、感觸，甚至聲音的細節，是如此的奇妙而清晰。

這些紀念品，是傳承的味道，也是分享的開始。它是我們與孩子，還有孩子的孩子們要述說的故事，分享著我們的生活恩典、分享著心境與態度的調整帶來的轉變、分享著能享受美好事物的關鍵，在於每場生命宴席的味蕾因著珍惜所帶來的滿滿幸福！

米家教養

64 為一對兒女戴上父母當初的戒指，那是守護與約定

米爸與我相約承諾的戒指，靜靜地躺在紀念品的寶盒裡，它們已有著超過十五年的歷史。當時相互為知己好友的我們，因著我對理想的追逐，決定出國進修；米爸在軍中服兵役，因著無法想像的未來，我們相互承諾即便嫁非良人，娶非良婦，彼此也要成為永遠支持對方的朋友。

看著戒指，燃上了濃濃的青春回憶。米爸與我相約，在孩子成為「男人」與「女人」之時，將戒指為他們戴上，代表與父親母親之間的守護約定，直到「他／她」成為「他們／她們」，如同「我」成為「我們」。這個戒指將伴隨著孩子，是

我們與孩子的成年約定，直到婚姻的承諾之約。

父親，是孩子在生命中最初的男性形象。米爸為孩子奠定了情感的基礎，為了家庭的自信與安全感而盡力著，我常發自內心感謝。孩子有著這樣珍惜他們的父親，是一個極大的祝福。

紀念品是愛的視覺象徵；婚禮上相互致贈的戒指，不僅是外在視覺的記號，也代表了內在與靈魂的結合，是在永不止息的愛裡，聯合彼此的心。它不是華麗的詞藻，而是意義深遠的真理。

米家教養

65 為女兒準備貼心的成長急救包

給孩子的紀念品中，有個為女兒準備的化妝包。裡頭裝的是孩子即將要面臨的青春期需要的生理用品與止痛藥。當逸升上高年級之後，每天讓孩子帶在身上，以免突然的狀況而不知所措。

雖然至今因時機尚未成熟仍未使用，但有趣的是，孩子班上的同學都知道逸有一個特別的化妝包，這個化妝包反而幫助了許多女孩成為女人的「急救包」。

家人與朋友送的禮物，背後擁有的記憶是情誼、難忘的心靈默契。物品帶來了記憶的延伸。這些禮物與紀念品因著愛的連結，穿透了時間與空間，找到情感的慰藉與生活的靈感，甚至是情緒低落時的支持。

——四小時購物，與四十分鐘的陪伴，兩者差異在哪裡？

打開禮物時的雀躍表情珍貴無比，但是物質能給予我們真正想要的東西嗎？

每逢母親節，各百貨公司無不用心地舉辦各式活動，為的是透過禮物的選購，表達對母親的心意。花上四個小時購物與花了四十分鐘的陪伴差距，這些時間的安排與虛擲，帶來的是成就的標記？或是溝通的媒介？

記得電視曾有句熱門的廣告詞說：「孩子你想要什麼，爸爸買給你！」其實，孩子多數時候「想要」的並非禮物，而是「陪伴」。

米家教養 66

「我擁有什麼」，並不等於「我是誰」

孩子進入小學後，常聽見孩子分享同學的「財產清單」：有PSP、iPad最新款、NDS、iPhone最新款……當我聽見這些孩子的「財產清單」時，不禁納悶著孩子透過這些物品學到何種價值觀，因為我只聽見許多的「擁有」，卻沒有聽見「喜歡」！

自覺，是一份很特別的禮物，它讓你突然參透事物的義理，能穿越事情的表象，直達真正的意義。任何物品都有其意義。物品或許提供某種安全感，可以享受快樂。我曾假想著物質若在生活與思想中占有的分量愈來愈醒目，是否侵蝕著更重要的價值？

我不禁擔憂著，是否現在許多孩子將「我是誰」與「我擁有什麼」的價值觀劃上等同與混淆。誤以為物質具有魔力，可以滿足深層的需要，「我思故我在」成為「我擁有故我在」。

──父母對孩子的愛，不該以禮物取代

常聽婆婆提起年少時，只要颱風過後，常有教會贈送日常生活用品的故事。對於經濟蕭條時期的年代，那是一個寒冬送暖的禮物。

禮物的意義與大小、價格的關係很微薄，最重要的意義在於禮物背後所釋放出愛的訊息。

有時，我會將禮物做一個區分。如果是因著服務的報酬，就本質而言，我不會稱它為禮物。因為，愛的禮物是因著愛的表示，這份因著愛為出發點的禮物，才能按著它的本質被孩子享有。

在希臘文中，「禮物」的意思是「恩典」，沒有附帶條件的給予。在社會中，有許多禮物是利益交換的回報，是一種條件的交換。愛的禮物需要真心誠意，有時傳送了錯誤的訊息，會忽略愛的深層感情需要。

有些人不明白禮物真正的意義，不知道禮物背後更需要的是情緒安全感與自我價值感。如果在給予孩子禮物時卻說出：「我很後悔給你這份禮物。」那麼負面的語言或表達方式所傳達出的禮物的意義，會使孩子傷心。禮物不只是物品而已，也是愛的傳達與表示。因此，當禮物損壞或遺失時，會特別痛心。

現代社會忙碌，太多的父母買禮物作為自己對孩子關注的替代品。

──禮物是愛，而非被操縱的工具

當孩子看穿這些欠缺考慮的禮物後，終究會看穿這些禮物的本質；沒有控制與意義的禮物，使孩子對接受禮物的訊息也消失殆盡。事實上，不覺得被愛的孩子容易誤解禮物的意義，認為它是有條件的給予。而無法接受禮物的人，也很少公然表示他們內心的痛苦與需要。

當內心的需要能被愛所滿足後，彼此的關係被健全地建立後，禮物被當作愛的表示而非操縱的工具時，孩子的反應實在棒極了。

米家教養

67 運用巧思，讓兒子明白禮物的可貴

我們對於禮物的感受，有時視為理所當然。例如生活的用品，往往被認為應該得到的東西。所以，有時將普通的禮物轉化為一種愛的表示，是一門有趣的生活樂事。

先前，身邊的友人們得知昕非常喜愛籃球的活動，我們欣喜地接受了朋友的貼心禮物。當時，米爸與我商量著如何將這些禮物送給孩子，讓他明白這份禮物的可貴。

我知道昕的情感需求對禮物特別看重，所以對於禮物的贈送特別慎重。他希望有精緻的包裝，或獨特的方式和創意贈與。有時會細心地觀察包裝紙的圖案，是否附上精心的蝴蝶結。因此，米爸與我花了一點心思將籃球背心包裝好，在孩子返家後的晚餐前，圍著餐桌時將禮物送給孩子。

當昕將禮物打開時，驚訝得哇哇叫，並且希望我們全神貫注的看著他的一舉一動。

對重視禮物的孩子來說，他們將禮物視為你對他們愛的延伸，並且想與你分享

接受禮物時的寶貴時刻。這些哇哇叫，是孩子對「愛他」所感受到的「愛」所發出的最大回應聲響。

昕將房間騰出一個特別的地方，以便展示這些愛的禮物，他總是不吝惜與我們分享，他是多麼的喜愛它。這份禮物在他的內心占有一個特別的地位，因為它是愛的表示。看到禮物，他會覺得自己是被愛的。

米家教養

68 將每學期的制服包裝成禮物，孩子更懂珍惜

驚喜的歡呼聲帶來了珍惜與驚喜的情緒。同樣地，當購買孩子每學期的制服，我們也使用相同的方式。表達生活中的每樣禮物，背後都有其珍惜的理由。

——禮物背後的心意，是最美麗的風景

不是所有的禮物都需要在商場裡購買。在公園裡找到的花朵，或創意手作的石頭，用創意的包裝都可稱為禮物。禮物不需要昂貴，一張動人的卡片也可以精心動人。禮物是自己的創意手作，或是金錢購買並不是重點，最重要的是你與對方能在愛中緊緊的聯繫。

母親總記得孩子送的卡片與親手製作的禮物，他們記得孩子送的花果，感覺被孩子愛著。孩子從小就知道要送禮物給媽媽，可見得送禮物是一件重要的事情。禮物擁有多少的價值，問題不在於禮物的價格，而是它對於被贈送者擁有多少的意義。

一位母親細心準備了美麗的餐桌紙巾與典雅的餐具，希望與家人共同分享的不是美好的形體與器具，而是與家人共進晚餐的美好時光。父親購買了功能極佳的運動用品或是休閒釣具，為的是家人可以一起前往休閒遊憩，讓彼此的心靈因為休息而加油打氣。

將禮物視為一種恩典，也能教導孩子如何回應送你禮物的人。因著恩典送給孩子，孩子也會帶著感恩的心思回應。當你遞上這份禮物時，無論它是必需品或是奢侈品，都是一份愛的訊息，是愛的表示。

——夏卡爾對早逝妻子，「單單只為你」的心意

帶著孩子前往故宮欣賞夏卡爾畫作時，也購買了我現在使用的隨身筆記，封面是夏卡爾於一九二三年的作品「生日」。

一對脫離了地心吸力的夫妻，是夏卡爾詩詞中的語言的視覺表現。畫中沙發坐

墊和桌巾上的圖案，將他對妻子的愛意，架構在具體的室內陳設擺飾與布局。整幅畫作流露出愛情的美好歡愉，浪漫的色彩流露出夏卡爾對生命與美的熱愛與追求。

孩子說「夏卡爾」的發音很像「下課了」。打敗地心引力飄浮在半空中親吻，綠臉的人在飛翔，記憶中的影像萬花筒，還有長得像馬、像羊又像牛，或者顛倒置放的動物，也豐富了下課後的時間。

完成於一九二三年的作品「生日」，是描述夏卡爾在婚禮前，單身的最後一次生日，妻子蓓拉出城採集花朵。在採花的過程中，不但受傷還被大狗追趕。蓓拉回家後，收集了美麗的帕巾、小碎花的床單、甜點與夏卡爾最愛的烤魚，並換上禮服，帶著大包小包去找夏卡爾，慶祝夏卡爾的生日。

夏卡爾驚喜萬分之餘，揮筆畫下他幸福的感動，宛如飛上天的情景，兩人飄浮在半空中親吻。蓓拉在一九四四年完成一篇名為〈生日〉的散文，不到兩個月後病逝，「生日」成了兩人愛情的珍貴紀念。

在我的畫裡，我藏著我的愛情，像樹木與森林一般，我過著我的人生。
誰聽見我的聲音？誰注意到我的臉龐？就好像千年前的逝者，被埋葬在月光下。

在我的畫裡，我畫出我的愛情，天使看見我的愛情，沒有去婚禮之幕的新娘也看見我的愛情。
花朵的香味，點亮了蠟燭，升起藍色的火光，在我生日的這一天
我把我的夢境，藏在雲端裡。我的嘆息，隨著小鳥飛去。
我看見我自己靜止不動。我看見我自己正在進行。
我瓦解在來自世間的火的面前，
我的愛情像水一般地溢滿四處，而我的畫作就在我的身邊。

——一九七五，夏卡爾的詩

眼前出現的甜美畫面，是夏卡爾的創作，深植於他的家庭生活與甜蜜愛情。他生平第一束花來自第一任妻子蓓拉。代表夏卡爾和摯愛之間的濃密愛情，隱喻著他幸福的內心世界。

夏卡爾從小到大的經歷是辛苦的，自小被欺凌的他其實並不愉快。接續流亡的生活，經歷著鄉愁、旅程，能遇見知己與支持的蓓拉，無疑帶給他許多的鼓勵。透過夏卡爾分享的知足，是因著愛侶的扶持，從猶太民族的苦難中獲得創作的動力，昇華為愛情的頌讚。

禮物與錢幣無關，而是與愛的程度有關。夏卡爾的欣喜，不單是因著禮物，而是那份心意，那份「單單只為了你」的情意。

米家教養

69 最好的陪伴，是當對方需要你時，你出現了——米爸在產房的陪伴

有一種禮物很特別，當你所愛的人需要你，你就在那裡陪伴。這真是是一個非常響亮的訊息。時時與對方分享生命中的美好，能在現場作伴是一份厚禮。

我始終記得米爸陪我進產房。孩子出生的時候，一口一口餵著我吃麻油煮的蛋。米爸在一旁不停的錄影與照相，等不及想告訴身邊的夥伴。透過米爸的陪產，讓我感受到他對我的愛，還有對孩子的愛：「這是我的妻子，我所關愛的；這是我的女兒，我所關愛的……」在緊要關頭時的不缺席，是最動人的禮物。

米家教養

70 主動告訴另一半你的需要，而非被動等待給予

米爸為孩子泡一罐罐涼涼的茶，是他對孩子的心意。每個星期三下午，是我買綿綿冰給孩子當作禮物的時刻。與米爸共讀一本他喜歡的書，一起閱讀與分享當中

的收穫，都是用心的禮物。

陪伴也是一種禮物，是愛的象徵，如果象徵拿走了，愛的感覺也消失了。在生命中重要的一刻，需要對方的陪伴與分享。當我理解內心的這份需要，我開始學習主動告訴米爸我的需要，而不是被動的期待他能洞察我的心意。

禮物，有著「我愛你」的含意；雖然只是一個小小的動作，卻意義重大，因為禮物代表著愛，背後傳達著一個訊息：「我對你的一份心意，代表我對你的重視。」如果家庭成員對禮物是重視的，那麼這也是一種傳達愛的語言方式。學習送禮物給對方吧，這是讓他感受到愛的關鍵。

走入孩子心裡，是父母最重要的事

每到了暑假，不少過去任教的家長或是有著出國留學煩惱的朋友都會來信詢問：「孩子準備上國、高中了，該不該將孩子送出國念書呢？」

我通常都會回應：「陪伴在孩子身邊的重要遠高過學業的安排。」

清晨，是一段生命安靜的時刻。我喜愛在這個時刻閱讀書籍，因為環境安靜，頭腦特別清晰，每個語句流入內心的感受特別深刻。這時的我往往因著窗外的光線，擁有穩定的情緒。

清晨帶給我一種簡單、純淨所帶來的舒緩，這似乎帶來療癒人心的力量。我想，這時我內心的窗是敞開的。

我想與孩子分享這樣的美好時光，一起迎接早晨的陽光，在舒緩中一起晨讀。然而，上課的匆忙，使我們常常有著中斷的對話。總在「好可惜中」，不得不送孩子上學出門。

孩子在睡前，特別看重與我對話的時間。這段時間，我聆聽孩子的傾訴，談談學校的故事，內心的感受。孩子期待的眼神，透露的是我全神貫注的注意力。

有幾次，我正在忙碌中，孩子發了脾氣，認為我不明白他們對這樣時刻的看重。孩子使用著令我誤解的行為或語彙表達。其實，他想表達的是「我需要你」，而不是鬧脾氣。我曾將這些重複的要求視為干擾，卻沒有意識到，如果這些持續的要求太久，我可能要失去這扇為我打開的窗了。

米家教養

71 若孩子吵著要你陪，請先給孩子十五至二十分鐘的陪伴，再完成家務

要如何將家務完成，又能達到滿足的情感呢？解決這個問題便是先給一段時間，可以是十五至二十分鐘的陪伴。

先將孩子的情感給予滿足，之後我便可以好好地將家務完成。孩子的調皮，多數是為了得到更多的陪伴。當孩子的情感箱子空掉的時候，「被注意」是孩子內心的需要。孩子會透過各種方式得到他所要的。

在孩子的嬰兒時期，我們會專心地換尿布、餵奶，嬰兒可以獲得父母全心全意的關注。但當孩子漸漸長大後，這個關注似乎慢慢地減少了。

當孩子學爬行、走路，你會彎下你的身體，以他們的角度關心並且觀察，你會張開雙臂迎接他們走向你的步伐。當孩子的生活擴展到學校、課程、運動、團體的時候，我們一直追著他們。當孩子愈大，參加的公開活動愈多，你會發現即便想要主動陪伴，但機會也漸漸地減少。

——你的孩子，帶著情感的空箱子到處流浪嗎？

在工商社會，許多爸爸媽媽因為雙薪家庭的緣故，以至於孩子常帶著空空的情感箱子到處流浪。現代化的家庭，孩子想念電腦的時間漸漸比想念父母來得多、受到家庭以外的影響愈來愈大，其實孩子與父母的相處，才能強化家庭的影響力。

挪出這樣的時間表不容易，但這是為了孩子與家庭必須付出的努力。

米家教養

72 為陪伴孩子，父母必須調整生活順序

在孩子就學的年齡，通常也是父母工作最忙碌的階段。我們很少有足夠的時間完成需要完成的事情。當你決定給予孩子陪伴時間，代表你必須放棄一些事情，調整生活的優先次序。

這份陪伴，是父母給予的特別禮物。它背後傳達著「你很重要」的訊息，還有「我很喜歡你」的情感。因為在這個階段，父母對孩子而言是最重要的人。

——你在責備孩子時，是否眼神最為專注？

我發現父母在責備孩子時，眼神比任何一個時刻還要專注。有時我不免疑惑，當專注力放在負面的情緒時，關心的眼神是否容易被孩子解讀為處罰，並且帶有不認同的拒絕？孩子對愛的體會有多深？對父母給予的責備有多少的接受度？這樣的眼神是否帶來拒絕的感受？

米家教養

73 當孩子主動「分享」，父母別拒絕，因為將失去孩子對我們的信任

我始終記得孩子在幼幼期時，找到一顆非常奇異的種子，興奮的想與我分享他的喜悅。「媽咪，你看看，我找到什麼……」他的臉洋溢著笑容，但是那次我讓孩子失望了。

因為我看到的是一個沾滿了泥土，並沾上怪異顏色的骯髒的圓狀果實，所以我不高興地對孩子說：「將這個東西拿去丟掉。」這句話讓孩子失去了笑容，我也失去可以分享孩子的發現的特別一刻。

——父母都該學會的新功課

那次的經驗讓我十分後悔，之後我學到一個新功課。當孩子一臉興奮地來到你面前時，我會特別留意自己的表情與語氣，我也學習觀察孩子的表情，並且享受著孩子的分享與他眼中釋放的光芒。

「他笑的是如此的開心。」如果對於孩子的「新發現」潑冷水，我們失去的不

只是那個時刻，也失去孩子對我們的信任。

孩子的內心渴望著：「在這個安全環境內可以練習搞砸，我可以做我自己，而你們也會發現並且接納我是怎樣的人。」因為「家」對孩子而言應該是安全的地方，孩子可以在其中測試他的長處、短處，與極限。透過家庭，孩子開始發展他對世界的認識。

米家教養

74 除了讀床前故事書給孩子聽，父母還可以主動分享自己的成長過程

正面眼神的接觸是重要的，在孩子的床邊時間，充滿關愛的眼神是強而有力的溝通方式。對孩子內心的關懷，用愛的眼神直視，才能將愛傳到孩子的心中。

孩子在幼幼期時喜愛聽故事。讀故事書給孩子聽，是舉行睡覺儀式的好辦法。現在的床邊故事時間因著孩子長大，逐漸被對話時間所取代，於是我也開始在睡前的閒談間，與孩子分享自己的成長過程。

這種真實的分享可以藉由溫暖的眼神，傳遞感情深度的層次與孩子溝通。它很明顯地影響著孩子對我的信任。

米家教養 75

父母在睡前先帶頭分享一天發生的事，引領孩子也開始說

睡前因為分心的事情比較少，所以會特別集中精神。與他們在談話中學到的觀點比你想像的多更多。無論孩子的年紀多大，花時間與他們對談是重要的。

昕總會在睡前的禱告前問：「今天有新鮮事嗎？」孩子睡前是打開話匣子的時機。通常藉由我先分享一天發生的故事，啟動孩子願意談談自己，談談學校發生的事。逸則會選擇主動分享，她不吝惜地與我分享：「媽咪信任我，關心我，將我視為重要的人，並且很愛我。」

米家教養 76

藉由分享，女兒明瞭一個人不需藉外貌來肯定自己

逸曾問我：「媽咪，你覺得我好看嗎？」我與逸藉由衣著修飾外型的選擇，提到自己逐漸年長的外貌與服裝的購物觀點，並且幫助孩子了解，自己並不需要依賴容貌來肯定自己的價值。

我們內心的世界是最隱密的地方，如果沒有主動邀請，誰都沒辦法進去。孩子

的內心世界時時刻刻都在變化。他們的內心有一扇窗戶，不是隨時都打開的，但是當它打開的時刻，孩子會邀請你進入他們的內心世界。

——睡前最適合親子分享，父母也可以看見自己過往的情緒問題

在這扇心窗打開的時間，可以談如何處理同儕的相處與如何處理情緒，這些溫暖與親密的睡前對談，藉由輕鬆的感情分享，也解決了許多我生命中最深的問題。不只是孩子的，而是透過孩子看見自己過去沒有處理好的情緒管理與情感的認知問題。

這樣的時刻，也許出現在你們一起散步的時候，也許是你陪伴他入睡的時刻。當孩子願意與你分享心事時，你一定要把握機會。

米家教養

77 親子對話的習慣，特別有助於將步入青春期的孩子

當孩子願意與你談心，那麼，當他們在生命中遇到挑戰，他們就會來找你。在他們有需要的時候不會忘記你。

對我們而言，對話時間的安排，特別有助於孩子步入青春期時的溝通。睡前的禱告與聆聽，是一段迷人的對話時間。

米家教養

78 國、高中的孩子，對家人的需要，遠比課業安排重要

每到了暑假，不少過去任教的家長或是有著出國留學煩惱的朋友都會來信詢問：「孩子準備上國、高中了，該不該將孩子送出國念書呢？」我通常都會回應：「陪伴在孩子身邊的重要遠高過學業的安排。」因為我明白這段年紀的孩子，對於家人的需要是多麼的無可取代。

但往往在與家長、學生溝通後，發現決定出國的學生通常寧願單槍匹馬前往陌生的國家，也不願意有家人在身邊約束自己。因為這些孩子背負著「過度期望」、「不被肯定」的痛苦，他們在家中無法安心地表現內心的脆弱，甚至恐懼自己時常搞砸父母與師長的期盼。

子女的「獨立」與急於「脫離」父母的掌控是不同的；前者是面對，後者是逃避，這就如同「論斷」與「判斷」也是不同的意義，前者基於個人的意見，後者出於觀點與愛心。

米家教養

79 將話題帶到家人最常做的事，從對方感興趣的話題著手

願意溝通，卻不一定能夠溝通。「怎麼說」與「說什麼」同樣的重要。一個人運用的言詞不管多麼華美，如果不懂溝通的方法，仍然達不到溝通的效果。如果信任是一座橋，它連結的是「被愛的需要」與「被愛的感覺」。一端是「被接納的需要」，一端是他真的知道「自己被接納」。

許多人做事用心良苦，但是不懂得與人溝通，說起話來，讓人一聽就反感。即使用意極好的一件事，也可能讓人卻步。此時不妨談論對方感興趣的話題，這是關係的潤滑劑，能幫助我們從對方的談話中獲得更多的訊息與智慧。當我們討論家人感興趣的話題，無形中就傳遞出重視的訊息，對於自信心的提升也很有幫助。

當家人願意對我們侃侃而談，分享他們生命的智慧，讓我們感覺自己是個值得他人傾吐的對象，也增強了我們的自信心。所以，雙方面都能因此感受到很正面的情緒。

試著將話題帶到家人最常做的事，你就會像是擁有一把心靈的鑰匙。善用這把鑰匙打開心門，跨入伴侶與孩子的世界裡，你才能真正的變成他們的朋友。

——凝聚家人情感的方法

我曾經在雜誌上看見一則外國明星的訪談，他說擁有豪宅、名車，卻沒有人可以與他一起分享好時光與陪伴。那麼，擁有這些東西又有何益處呢？

我慶幸米爸總不吝惜給我「沙發時間」，當我們彼此坐在一起，哪怕只有十五分鐘，我們就是把生命中的美好十五分鐘給了對方。曾經的忙碌，讓我們彼此無法好好坐在沙發上，但即便只是凝視，眼神的交流，都是一種關心。

吃飯時間是最自然的交談時間，家庭裡的聚餐時間，也許在早餐，也許在晚餐。定期的聚餐可以成為一種凝聚力。米爸家族每一年的家聚，正是交換彼此問候與關心的時刻。

米家教養

80 米家四個人躺在床上，輪流分享生活點滴

我曾突發奇想將帳篷架在家中，來個封閉空間的真心話大冒險，但是效果實在不佳。後來發現，最好的臨時計畫是一起躺在床上，四個人輪流說話。當你花時間與孩子在一起，就是在創造一個難忘的回憶。如果希望孩子可以從家庭中受到祝

福，那麼每一次的分享，就是在給予孩子最棒的記憶！

米家教養 81 擁抱家人，是最「經濟」的親密

躺在床上時，孩子喜歡爬到我們身上，渴望得到擁抱。擁抱對免疫系統有益，擁抱可以治療沮喪，減低壓力，使人容易入睡。

作家保羅・布藍尼特（Paul Planet）說：「擁抱很天然，具有天然的甜味，不含農藥，防腐劑，不添加人工色素。不需要組裝，不需要電池，不用定期檢查，不用按月繳費，沒有通膨的問題，不會被偷竊……」

──不只是一位「父親」，而是一個「家」

米爸說他很享受這些美好的分享時間。他認為一位父親的責任是先關心孩子對他的信任有多少，有多深。對逸與昕而言，爸爸不只是一位「父親」，而是一個「家」。他們可以在「父親」裡面擁有「家」的擁抱。孩子奔向他時，雙臂是敞開的，是接納的。「你們要常在我裡面，我也常在你們裡面。」我始終認為，關係的穩固建立是以信任作為基礎。

在家裡，溫柔的手，輕輕的擁抱，拍拍背，睡前的吻，都表示了彼此的親密。爸爸的雙臂有一種很神奇的力量。如果說，母親的手臂給人安慰，那麼父親的雙臂讓人有安全感。

信任不是一種情緒，而是一種對人對地方對事情的堅定信心。孩子信任父母與否，影響最大的也許就在於父母與孩子間靈魂的連結。孩子對於我們扮演父母角色的信任，就是我們建立關係的橋梁。

——之三

檢視來自原生家庭的教養地雷

釐清原生家庭對自己教養上的牽絆，是每對父母刻不容緩的功課。例如是否藉由教養孩子，來滿足自己的需要。

父母與孩子的各自約會——讓孩子感受被專注對待

曾經有一段時間，在陪伴孩子寫功課時，我心裡總擱著事情，或者順便做手邊已被耽擱的文稿與音樂的創作。

但是，一旦投入寫作或創作，我就無法用心聆聽孩子的需求。

談戀愛初期，就像嬰兒與母親般的黏膩在一起。回想與米爸初識約會的回憶，兩人一起做對方或一方喜歡的事情，我們的目光總是專注在對方身上。

最重要的不是做什麼事情，而是喜歡兩人在一起，彼此陪伴的感覺，那帶給彼此的被在乎、被關心、被呵護的感覺。

米家教養

82 父母各自與孩子的約會，因為一對一，更能專心聽孩子說

有了兩個孩子後，因著孩子長大與需要，米爸與我會刻意選擇性地在假日輪流將孩子分別帶開，讓孩子選擇他們想去的地方。

兩個孩子一起玩樂有著不一樣的樂趣，但有時也需要專心聽聽孩子想要說話的聲音。一對一的相處時，我們更能專心聽聽他們對生活、對各樣事情的想法。

一對一的專心，讓我可以仔細回應孩子的提問，並且依著年齡不同而給予不同的想法。這是我們各自與孩子的「約會」。

給予對方全部的注意力、細心的對話，焦點在傾聽、精心的活動，全心全意跟對方一起做些他喜歡的事。

把自己當成禮物，在彼此需要時，成為彼此的陪伴。藉著為對方服務來表達愛意，如：幫忙做家事、遛狗、洗車、做一餐美味的菜餚。

——父母陪伴孩子的關鍵，在於專注

曾經有一段時間，在陪伴孩子寫功課時，我心裡總擱著事情，或者順便做手邊

已被耽擱的文稿與音樂的創作。

但是，一旦投入寫作或創作，我就無法用心聆聽孩子的需求。更重要的是，我會錯過兩個孩子在寫功課時的趣味對話。

我察覺到陪伴不應該只是一種時間與形式，而是專注。陪伴也需要用心與專心。關注著他們，而不是東張西望，讓孩子確實感受到你的重視。所以，我成了在書桌邊觀察著孩子，也享受著孩子表情的母親。

——與女兒來一場兩人的咖啡約會

週末，米爸與昕想宅在家裡，我和逸則是因為貪吃，腦海裡浮現後壁鄉的冰糖醬鴨那令人垂涎的滷汁。光是想像，就令我們的五臟六腑轟隆隆作響。

隨著行經之處，我們改變了單純的愛吃計畫，決定到土溝村走訪。在前往土溝村的165縣道，途經許多聚落，我們看見路旁一位頂著寒風，在路邊販售哈密瓜與日本品種南瓜的果販。

逸與我相視而笑，她知道，對於在地農作的激賞與支持，我們不會只是個漠視的路人。老闆親切的切下幾片香瓜，真是香甜，我們滿口稱讚。順手的，我帶回了一顆南瓜，為的是它的鮮豔色澤。

返家前，我們到「東山驛站」的農會咖啡文化館報到，這是一座日治時期的舊米倉改建而成的咖啡文化館。感謝逸配合我的隨性，她跟來跟去總是顯露快樂的心情。

這一次的約會是「隨吃亂走」，一個名副其實的吃喝家庭。

咖啡館因為沒有什麼訪客，與假日人潮的擁擠差別很大。逸在咖啡館裡看著阿姨煮咖啡，順便問了煮一杯好咖啡的祕訣。我們在下午茶的時光裡，聊了學校的生活、人際關係與學習的各樣問題。

——勇於發表自己「不一樣」想法的女兒

逸的眼睛靈活地轉呀轉，一眼便看見牆角販售的咖啡豆苗。她想嘗試在家中種植咖啡豆的企圖，老早被我猜透。這些被逸暱稱為咖啡豆寶寶，可直接置於室內，擺在半日照的地方。咖啡樹開的小白花只有短暫的兩至四個月生命，在盡情開花後則凋謝，接下來便是開始孕育果實！

「媽咪，既然這是阿拉比卡咖啡，那麼直接幫它取名為A咖如何？」

「我的想法就算是不合理，但可以跟你不一樣嗎？」

「植物為何用沒有生命的『它』，植物會生果繁衍，應該要用女生的『她』。」

或是創造一個『木也』的『ㄊㄚ』，都比『它』要來得好耶……」

對於逸的高見，我深表贊同。還好這時候沒有男生在場，這「一面倒」的想法讓我們真是感覺良好。

約會，帶來兩人專注的聊天，對於我們彼此關係的經營是非常正面的。在討論中，孩子的想法帶給我一些省思，原來成人的我對於許多事物的看法有著某些堅持，也許該適時地放鬆些。

當「堅持己見」愈激烈，也侷限了各種可能性。因為固執而失去看見另一種美好的經驗，其實正意味著我給予孩子思考空間的減少。

表達與同理心的聆聽，是高品質的對話。有同理心的對話，彼此才能分享經驗、觀念、期待、需求與心情感受。

米家教養 83

釐清原生家庭對自己教養上的牽絆，是每對父母刻不容緩的功課

孩子長大了，父母也需要一些調整。透過各種不同類型的問題發生，都是父母對自己、對生活的新功課。

有些家長抱怨孩子難帶，其實是因為對孩子不夠熟悉。有時我們生氣，是因為覺得自己沒有扮演好父母的角色。

來自原生家庭的習慣，深深地影響著我們教養子女的方式，無論是有自覺的或是無形間的惡性循環，都需要被終止。

——親子約會背後的意義

每個父母的起跑點都是從包尿布、餵奶養育開始。在做中學，學中覺。

「我了解你的感受」是我一直努力的方向，因為孩子最重要的需求是被了解、被支持。

從說話的內容、聲調、口氣、肢體動作中，聆聽對方真正的感受，探索自己的思想與價值觀，洞察自己內心的變化，我學習將這些寫下來，像是對自己說話。

情感，有時並非來自於有形的物體形象，而是被觸動的記憶。透過回憶所延伸的情感，深存於腦海中。這些約會背後最重要的意義是「陪伴」。

家庭的成員，是分工合作的小團隊。我與米爸對家庭角色的順序有著共識。每個人都是特別而獨特的存在，沒有一個人可以替代你的位置。父親對母親的關懷與尊重，是女兒學習擇偶的第一位導師，是教導兒子如何尊重配偶的最佳示範。所以，父親在家中擁有的位置是不能缺席的。

將陪伴孩子的精心時刻，排入家庭的生活時間表中。

牽手散步、約會，對孩子而言是幸福的感受！

米家教養

84 米爸與兒子常牽手散步，米爸稱為「信心之旅」

昕常與米爸牽手散步，即便再怎麼忙碌，也趕著回家陪孩子一段時間的米爸說，這是他與孩子之間的「信心之旅」。

這學期，昕談起了學校英文話劇比賽過程的種種，扮演貧窮男穿補丁褲的他因為舞台經驗較其他同學多，對台上的走位、表演的肢體與聲調音量要求比較執著。話劇團體中唯一的男生角色的昕，與一同參與話劇比賽的女同學在角色演出的堅持過程中，有多次語言溝通上的摩擦。

「『對不起』是出於內心的真誠，『沒關係』是真心的氣質與風度。如果已付出了真誠卻得不到風度，那是你應該面對與學習的問題。」這是我對孩子抱怨後的回應，但是，這些話語似乎無法為他的疑惑帶來幫助。

總在「對不起」與「沒關係」中擺盪的昕，對於男孩、女孩因著差異與溝通方式不像家中與媽媽和姊姊的順暢而感到困擾。

每晚透過身為女性的我與逸苦口婆心的溝通，卻無法說服就事論事的昕。

男孩需要學習與女孩溝通的技巧，理解性別與特質需要透過平衡的施與受的過程，彼此的認識與尊重有助於團體合作的友誼建立。我私下跟米爸聊了我在溝通上的困擾，希望男性的父親與男孩的昕在散步時，交流男孩與女孩建立友誼的技巧。

米家教養

85 藉由與兒子的遊戲、運動，米爸梳理兒子人際上的困惑

米爸與孩子溝通的方式與我全然不同，他透過一起遊戲、一起專注的運動，分享觀點與職場上的待人處事之道，同時也是教導孩子態度的傳承。

那一晚，我不清楚這兩人散步時談了什麼，但是昕在睡前禱告說：「我想要祈求智慧的口，想調整自己溝通的方式與說話的語氣。」

我納悶著，到底這兩位男性聊了什麼，為何孩子的態度可以轉變得如此積極與樂觀。昕開心地說，這是屬於他與爸爸之間的祕密。

我羨慕孩子與父親有這樣一段專屬於他們彼此的親密關係！

——兒子學會與女孩溝通的人際功課

與孩子溝通的祕訣，是當孩子與你有親密關係的凝聚力，能滿足孩子感情上最需要的關注，他的不滿才能被疏導到正向的位置。

當孩子感受到被真摯地關愛，並且是被值得信任時，孩子會傾向合理的思考，並接受你的建議，此時，孩子對父母的教導才會具有正向的反應。

在英文話劇比賽的這一天，上場前，女孩們幫昕化妝，並且使用ＢＢ霜與睫毛膏。昕看見女孩們細心為他準備的化妝品比我還用心時，他感受到女孩與男孩的溝通方式雖有差異，但也開始能理解女孩與男孩是如此的不同。

男孩在團體中多數喜愛談事情，女孩則是喜愛談感情。昕欣然地接受女孩們對他的細心與歉意，上場後彼此合力，認真地演出。他也對於這段排練時間的溝通不良，而感到深深地歉意。

我們家的男孩長大了，透過這次難得的經驗，他學習到在團體間如何用正確的態度與女孩溝通。

這次的成長經驗，米爸在當中扮演了重要的示範與溝通的角色。

身為父母的我們，正示範著如何關注與尊重他人，並且告訴孩子需要學習懂得自己與他人的差異。孩子從父母身上獲得關愛，也會樂於與他人分享他的快樂。

米家教養

86 孩子的童年不會等父母，請珍藏每一段親子時光

我們口裡常會提以後再說、長大再說，但是許多事現在不做，以後仍是依舊不會做。很慶幸，孩子在童年時期，我們便一起做過許多事。

位在敦化南路口附近的奶油車輪餅是我的喜愛，我載著下課後的昕騎著歐兜麥，他在後座緊緊地抱著我；購買後，趁著熱呼呼就在路邊吃了起來，這種片刻真的很享受，享受爆漿的車輪餅，享受兩人時光。

歲月如流，時序推移，「不再錯過」，使我們擁有更多值得珍藏的親子回憶時光！

家人感情升溫的祕訣

——愛的保鮮膜（上）

明明需要「陪伴」，卻說：「怎麼還不回家？」

明明想要「談心」，卻說了「柴米油鹽醬醋茶」？

清晨，看到一大片稻田，向著太陽發出閃亮光芒的稻穗；喝口水有股甜甜的味道，淚水不禁滑落臉龐。

「當我少不更事，到底想成為怎樣的大人呢？為了自己喜歡的工作而努力，就會幸福嗎？為了你所愛的家庭，放棄一切夢想的追求，值得嗎？」

這些悲傷凝結成不安，卻仍固執地強忍堅強。

——對全職母親角色的反思

是啊，你愛那放學後就雀躍向你擁抱的孩子，充滿著信賴，耳邊響起「我愛媽咪」的呢穠語調。

你等待著他們放學，經歷著這些熟悉的歲月。這樣的愛，毫無疑問。

當你走在先生與孩子的背後，為他們的背影而淚水盈眶時，突然發現自己早已習慣隨時用理智冷卻湧上心頭的情感。

你熟稔著這無次起落的情緒，將感動歸咎成一份悵然，以為春天的風，可以在一瞬間因著家人的微笑，便恢復了原有的瀟脫與清爽。

生命是否早已失去飄瀟？那溫馨而甜蜜的戰場，情緒的分隔是為著你所愛的人，所以硬生生地除掉自己心上、肩上那份濫情的滄桑感。

手上握著三十歲以上婦女需知的通知單，印著開始免費的檢查；心底渴望著青春，卻發現疲憊的臉枕在手臂上，久久不褪的印子痕跡。

笑起的眼角，月眉彎彎，卻滿布著細小紋路；這是為家人努力的動章，寫在心上、臉上！

轉向太陽般的笑臉，又覺得那是家人沉睡與安歇的所在；感情豐富的你，在幸福的圈圈裡感受著喜怒哀樂。

禁不住的淚水滑落臉龐，獨自隱忍著悲傷。失意與悲傷，悄悄地刻在黑夜中的垂頭喪氣。

——女兒的細膩、體貼

週末開車前去購買早餐，一路上棕色的牛群襯著綠色的稻田迎風搖曳，純淨的白鷺鷥不問世事的翩翩飛來，形成了一處綠色的仙園。

以前的我，可以無所事事對著一片草地駐足而觀，現在的我卻感受著油門催促的馬達喧囂所帶來的煩躁感。

與眼前悠哉風景呈現對比的是那充滿怒氣的腦袋，無視著眼前的人間美景，一心只想著綠燈快亮，好讓我踩著油門，一秒不遲的傾瀉心中的怒火。

「媽咪，你不要生氣了，我不知道你生氣是因為什麼原因。如果你很生氣，你哭一哭沒有關係……

「我在旁邊陪你，我不會問你任何原因……」

一早起床的逸，細心體貼的她察覺我紅通通一晚失眠的眼睛，主動的邀我出門散散心。開著車，我那勒不住的舌頭嘀咕了最近的煩悶。

——生氣的背後，是心疼

「我知道爸比為這個家工作得很辛苦，但是，媽咪只是希望爸比不要總是讓我擔心他的健康……

「對工作的責任與使命感是很好的特質，但是這次媽咪是因為心疼爸比而發脾氣的……」

以前在美國念書時，曾聽聞這樣的俗諺，「如果你期望家庭的男主人天天在家，就別讓他的工作上軌道。」到底這是玩笑，或是事實？

有時與外國友人Skype聊著回到台灣後，與在美國時的家居生活形態很不同。週末的家庭時間，成了累積不斷的彈性工作日。平日下班後還有開會與應酬，這些壓力都成了家庭生活的不定時炸彈。

——女兒的聆聽，帶來不同角度的思考

「我有些生氣，當我生氣的時候，我覺得身旁的人都變得很陌生，連爸比都不例外。」這種難以言喻的感受，就像是一部沒上油的機器，想要運轉，卻有些尷尬的咬著齒輪難以運行。

「媽咪，沒有人熟悉生氣的人，因為生氣的人讓人想保持距離，怎麼可能靠近！……」

「我認識的爸比與你很不同，光是看你們生氣的方式就不一樣……」

「我覺得爸比像地球。地球外面有一層大氣層，得穿過大氣層才能看到地球的原貌。

「爸比就是那一個很美麗，有著深廣海洋的地球……」

孩子的話語讓我思考停頓了一下，「深廣海洋的地球」是孩子感受到父親對家人無條件的關愛與照顧的形容。

深愛是事實，但是為何總有矛盾在當中呢？

米家教養 87

愛，必須時刻反思，例如不以自己的觀點，思考對方的需要……

「媽咪，我前陣子看了一本書，談到人如果吸毒會無法自拔。我一直想著為什麼會無法自拔，原來，有毒癮的人會因為情緒不好、遇見困難，只要有壓力或者不舒服的情緒就去吸毒。

「毒癮很難戒除，需要完全的斷絕……

「吸毒的人，常常不知道自己正在吸著對自己不好的東西，甚至以為那是讓自己開心的方法。直到有一天發現吸毒是傷害自己的時候，已經離不開它了……

「大人對人或事情的觀點也很像吸毒，想法的路線就是這麼固執，而且很難改變！」

逸的話語讓我驚醒，我的想法以自己的需要為出發。一味地以自己的觀點思考對方的需要，這樣的固執己見讓我誤以為是心疼家人的方式。

米家教養 88 愛不是捉迷藏，請與對方說清楚講明白，自己最需要什麼

我心虛的反省自己與另一半對話時脫口而出的話語，到底有沒有好好的表達清楚自己內心真正的需要？

明明需要「陪伴」，卻說：「怎麼還不回家？」明明想要「談心」卻說了「柴米油鹽醬醋茶」？

回家的另一半表情疲憊，被工作壓垮的勉強笑容讓我不忍多言。我們愛聊的人生、藝術、生命分享，全因著不斷增加的工作量而無法對話。

——戀愛容易，婚姻難？

不久前我才安慰著身邊已婚的朋友，她抱怨愈來愈多生活的壓力，讓兩人的婚姻經營出現問題。太太難以理解先生的工作壓力，先生也無法了解全職太太生活管理的忙碌，這些「不夠了解」帶來婚姻的溝通與失落。

婚前另一半的安靜是你眼中的深度，婚後成了木頭、封閉、沒情趣。婚前另一半的活潑是你眼中的熱情，婚後成了聒噪、囉嗦、沒理性。返家後的他累得不想說話，你說：「不體貼。」他想看體育節目，你說：「你喜歡籃球比我多……」漸漸地，戀愛時的感動被生活的陌生與不了解逐漸地稀釋。每個人的願望、理想、情緒，所有的行為模式開始現出原形。

情緒就像是油與水在容器中漸漸分離，兩人從「合為一體」漸漸成了兩人是不同的「個體」。

我想著自己與先生十幾年來的婚姻，讓我難以忘懷的是當時戀愛的珍惜與用心。

相隔兩地，卻願意打給彼此冗長而昂貴的越洋電話，珍惜那幾分鐘的時間可以溝通與分享；花了心血所挑選的禮物，為的是打開時剎那間的笑容。這些陶醉經驗推動彼此，成了身邊友人眼中「古怪」與「不合邏輯」的取悅。

終於，兩個獨立的靈魂終止了寂寞進入婚姻，彼此的心思被對方牽引。兩人分享一頓美味的晚餐，但真正的興趣並非食物，而是發覺兩人彼此之間凝聚一點一滴的愛與感動。起床時，迫不及待第一個映入眼簾的是對方的臉孔，以為這是生命喜悅的巔峰。

如果，這樣的結果是大功告成，工程圓滿，以為對方與自己進入了完美階段……我們不得不承認，這些完美的期待並非不真誠，而是不切實際。

米家教養

89

現代婚姻，壓力特別大，更需戒毒

生活常常需要「戒毒」——戒掉慣用的思考路線與偏見的毒，戒掉捆綁自己無法脫離舒適圈的毒。

婚姻的啟程，需要學會奮鬥與適應，得學會在這旅程中懂得品嚐各種口味的心境，共同甘苦所歷經的各種滋味。

這時的我，真是慶幸身邊有位小天使，讓我能「戒毒」地重新審視自己的生活！

我需要一些行動！

米家教養

90 走一趟，米爸深夜下班的路。原來，是如此愧疚與孤單……

「戒毒」的那一晚，我循了另一半工作下班的返家途徑，仿效地走了一趟深夜返家的情境。

夜間，穿過因著山區溼氣，映著月光的小徑回家，除了疲憊的步伐聲，和向後飄去的白色吐息，四周寂靜得僅剩下蛙鳴，還有走路的喘息……原來，深夜的回家是這樣的孤單。

沒有人陪伴的夜晚路徑，強忍著工作上的壓力，返家後得自己開門。看著床上睡覺的妻子與孩子熟睡的臉龐，在妻子為先生留著等待的小燈台下，映著愧疚的身影與肩膀上的責任感，竟是一樣的重量。

帶著虧欠的心意，一踏入家門，一句責備語意的「你回家了」，這樣的語意像是將急於脫去盔甲的男人推出門外。

配偶的態度是一面鏡子。真實反應的態度與語言，只忠於自己的內心卻忽略了另一半的自我形象與價值感。不經意的眼神忽視了先生盔甲上的破洞。

相愛容易，相處難的態度，稀釋了婚禮上給予彼此照顧一輩子的承諾。

——工作不該成為逃避家庭的藉口

親身經歷過這場婚姻的自省之旅，使我觀察到許多職場上事業有成的工作強人，喜愛在工作場所流連忘返。他們在職場上對於同事的陪伴多於家人。

這些被稱為「工作狂」的朋友們，他們形容「家」是無形的壓力來源，一回家最害怕的是不斷從耳裡灌進來的抱怨、不滿，還有另一半眼神透露的失去肯定……

這些強人們，因焦慮在另一半的眼中無法解決對方的情緒問題而感到挫折，也擔心在另一半面前曝露自己的缺點，並且恐懼從家人的眼神中看到拒絕。

「努力工作吧，至少工作的收入可以滿足家人的需要。我可以虧待自己，至少在物質上不要虧待家人……」即便家人沒有言語或行動上的表示，這些臆測與懼怕藏在極深的內心中，在信心缺乏卻又無法滿足的情感下，驅策自己成為工作狂。

因著愛家人，將自己獻身於工作，努力讓家人過好生活的心境讓人心疼，卻也逃避了自己在家庭中應當扮演的角色。對家人缺乏相處的自信心，所以成為更努力的工作狂。至少，工作產生的實質利益可以回饋家人。

工作上的完美要求、壓力緊張、焦慮的問題，背後其實有著「我需要更多的成就，來肯定我的價值，如此才能贏得自己的價值與尊重。」工作讓自己內在迫切的需要得到肯定，鞭策自己在工作上得到更高的成就，也成了一種理所當然的結果。

我抽絲剝繭的理解這些透過自省與觀察所發現的問題，為何家庭與工作之間無法取得平衡？

紀伯倫在《先知》中，對愛與婚姻有這樣的描述：

讓那兒成為你們依偎的空間，讓微風在你倆間婆娑起舞
彼此相愛，但勿造成愛的束縛，寧讓它成為你靈魂岸邊流動的海
斟滿彼此的酒杯，切莫獨飲自己的杯中物
分享你們的麵包，試著品嚐迥異的麥香味
盡情歌唱、共舞和歡笑於夏之晚宴
但也要讓自個兒有獨處的時刻
雖然琵琶能合奏出優美的樂曲，但是它的弦卻是各自分開的……

——**米媽的幸福家庭重建之旅**

愛，是一種選擇。我終於明白，先生與妻子要成為一體，並非失去自己的身分，而是以更深刻、親密的方式進入彼此的生命中。

婚姻，不是愛情的墳墓，而是滿足親密感與愛的需求的美好設計。

人們的心中渴望親近與關愛。夫妻與親子間，有一個很重要的感情信箱，需要常

常通信，藉由經營、討論、同心、解決，才能不斷的前進。透過語言、家人互相支持、傳遞而感受信賴帶來的安全感與信心。

我開始思索，自己要成為一個怎麼樣幫助先生的妻子。不只讓另一半可以安心的工作，也可以安心的面對家庭。也因此進行了一場幸福家庭重建之旅。

家人感情升溫的祕訣——愛的保鮮膜（下）

在許多演講後的互動中，我常被詢問的不外乎是：「孩子的成績為何沒有因為我的全心全意照顧而顯得更好？」「為何回到家庭後，沒有讓我可以引以為榮的成就感？」……

米家教養

91 在婚姻裡，別害怕對另一半表達歉意

我寫一封給先生道歉的書信。我在信裡表達因為過多的忙碌造成我的不安全感，但卻忽略了對方心境的苦澀。即便我認為自己一直都在他身旁，有著全部的寬容，其實仍然不夠理解對方。我自以為的體諒，只是多了原則，少了憐惜。

親愛的：

你不要驚訝，這是一封分手信。

你的內心因著這幾年的歷練也多了許多深沉。我的思考也不再單一，因為生命介入了好多的家人與成員。我不再是你眼裡認識的我，你也不再是我眼裡認識的你，我們都改變了……

有時我會想著，我所愛的是「現在」還是「過去」的你？現在的你已經歷許多，不再是那位郎當的義勇少年。我現在眼裡的你，是真正的你嗎？

我們需要分手，與記憶中的你分手，重新開始認識不一樣的你與不一樣的自己。

時間的歷練，讓我們彼此與初戀時認識的「我們」很不同。所以分手吧，讓我們重新談戀愛！

——摘錄自米媽寫給米爸的分手信

我寫下祈求，希望取得諒解與溝通。夫妻關係的經營願不願意有深度的對話？能不能有深刻的對談？這些「會不會」、「願不願意」、「能不能」，關鍵在於你是否真正認識溝通的對象。

真實的改變，從改變自己開始。為了使對方理解自己為了幸福而投注精力所做的努力，知道另一半能理解你的努力所帶來的豐富。於是彼此才能擁有真正的情感滿足，而不再只是戀愛的陶醉經驗。

愛不是只看見自己。願意為家人先「破碎」自己原有的思考方式，明白家庭成員能理解的語言與方法。

米家教養

92 將書籍裡的美好字句，以簡訊或小卡片，傳遞給米爸及一對兒女

每個人的內心都有著一份童稚之情，這份情感在家庭成員的內心嬉戲。我學習珍視另一半內心的稚情，也看見了愛的填滿與相互效力帶來的光輝。

我分享每日因著閱讀，或心意更新的感動所帶來的美好字句；將這些話語寫成小卡片或簡訊，傳遞給上學的孩子、工作中的先生，這些語言不只是智慧，也是傳達愛的訊息。

——成為全職媽媽後，卻成為另一種工作狂？

另一半的工作忙碌，曾使我在婚姻上忍受著孤單的堅強。當時年輕，知道男性

需要工作上的成就感，也逐漸將自己內心真正的需要，用懂事、成熟包裝。

我認真地檢視自己的內心，因著曾在職場上獲得掌聲與聚焦的光環，回家成為全職媽媽放下了這些令人注目的焦點後，在缺乏成就感的家庭中，無意間成了另一種「工作狂」。

親身的經歷與檢視，讓我能夠理解許多放下工作回到家庭的全職婦女，因為捨棄個人工作上的成就追求，反而將家庭變成了另一個「職場」，作為肯定經營能力與成就感的來源。

投入並且認真的態度，一方面駕馭著家中大大小小的事情，一方面也訂立了期待值與標準，但卻在忙碌中忽略了回到家庭的情感初衷。

——成為全職媽媽後，為什麼孩子功課沒有更好？家庭沒有更幸福？

在許多演講後的互動中，我常被詢問的不外乎是：「孩子的成績為何沒有因為我的全心全意照顧而顯得更好？」「孩子教養起來怎麼不夠順心如意？」「為何回到家庭後，沒有讓我可以引以為榮的成就感？」「先生為何不了解家庭主婦的辛苦？」「我想創造的完美家庭在哪裡？」……

真正探究這些提問，多數是因為期待沒有被滿足。

「為什麼拚命尋求成就感？」「為什麼念念不忘先生與孩子的錯誤，也始終挑剔不完？」「為什麼在生活上有時表現得信心十足，有時卻毫無自信心？」這些問句都是自省，也是觀察。

「老師，你有著當老師的經驗，對子女的教養應該非常輕鬆就手，你寫親職教養的文章，對家庭經營應該毫無問題。」這是我常收到的回應。

然而，我必須坦承，人與人之間的溝通與情感，是一門終身學習的課程。在家庭的經營過程中，我也曾有盲點與迷思。當我追溯自己問題的過程，發現與自己學習領域及過去的工作形態有關。

米家教養

93 家庭，不是職場；家人，需要傾訴，而非成功法則

因著表演藝術領域的專注與投入，在上台前需要準備得非常完整，甚至連舞台上的出錯都得要有備用方案。當「A計畫」不成，得馬上拿出「B計畫」。專業學習所醞釀的「嚴謹」特質，追求完美與滿分是一種必然，但是，百分之百的態度，無法運用在人與人之間的情感經營，對於家人的情感更是無法這樣苛求。

因為曾擔任教職，對於學生的提問與指導總是需要扮演「引領者」的角色，

需要幫學生尋找方法，解決所有的疑問與答案。教學時不免帶著下「指導棋」的習慣，習慣性地給予「勇氣」、「努力不懈」的分析與待人處事意見，也不自覺地悄悄進入家庭之中。

其實，家庭成員只是想「傾訴」與「分享」感覺、需要「安慰」，而不是「建議」與「成功法則」。這些「嚴謹」與「指導棋」讓家庭成員覺得自己總是無法被滿意，「眼光」已帶來評斷的壓力。

曾有人說，世界上最遙遠的距離是對你所愛的人築起一道如鴻溝的心。如果對話者像裁判，有誰能親近吹著哨子嗶嗶叫的糾察隊呢？

無條件的接納與被接納，即便在自己都不能相信自己時，接納與信任才能帶來安全感。除去面具與全然「被接納」的愛，才能彼此成為安慰者。

我極其感謝這段自我探索的「戒毒」之旅，也屢屢將這份經歷在家庭經營的親職演講中分享，因著懂得這份苦楚，我總看見台下的淚水盈眶。

米家教養

94 婚姻，就像兩人一起划船，需要彼此協調、合作，克服風浪

在婚姻的調整過程中，我喜愛用划船作為譬喻。

婚姻就像兩人一起划船。在海面上輕鬆航行時，不一定代表永遠順風。當你張著帆航行時，沒有任何的風幫助你前進，這時得拿出船槳，意志堅定地認真努力划行。

划船需要花時間溝通技巧，相互配合呼吸與動作。儘管合作過程中曾有動作不協調，得商量找出棘手的問題該如何解決，卻也透過這些困難，對彼此的需要更緊密的合作。

我們努力的划行，即便全身痠痛，汗流浹背仍繼續努力。因為這是我們前進唯一的方法，除非選擇放棄。

婚姻的真實世界，爭論的重心從牙刷的擺放方式到吃飯的習慣、鞋子是否乖乖地走入鞋櫃、書桌的抽屜會不會自己清理乾淨、衣服裙子西裝會不會整齊地躺在衣櫃……一個簡單的眼神可以成為多年感情經營的爭執不斷。甚至，一句話可以摧毀多年來的自信，甜蜜家園可以變成兩方對峙的戰場。

米家教養

95

家庭，就像船隻，有賴夫妻雙方的互信與分工，也才能遠離冰山

家庭好比是船隻，「進水」之後得舀水，若一再地忽略，船底便開始積水。靠

岸後得好好整修船底的漏洞，設法堵住航行過程中年久失修造成的破洞。定期的維修，才能使船隻在海上的航行順暢。

「冰山」常在報章雜誌上作為婚外情的譬喻，這些處在社會中的誘惑與紛爭，即便一艘造船堅固的船隻撞擊時不致沉船，卻也造成嚴重的損傷，並湧進大量的海水。

無論船隻多麼的堅固，海面多麼的明淨，「進水」是一種必然。這些問題的發生，不是船隻有問題，而是船隻所處的環境環繞著水，就如同我們處在一個每天充滿問題層出不窮的社會之中。

婚姻讓你感覺冰冷嗎？「冰山」也可能是長期的漠視。當船隻長時間航行在低溫的海域，即便沒有看見任何的冰山，但是如果感受到寒冷，代表著冰山正在不遠處。這些船隻的零件正因為處在寒冷的溫度下逐漸脆化，讓船隻逐漸變得脆弱。

當你在航行時，遇見冰山得小心地避開，無論航行技巧多麼的優秀、船隻多麼的堅固，一座冰山便足以毀掉原本的美好航程。

米家教養

96 婚姻，需要不斷自省，例如愛是給對方需要的，而不是自己想給的

婚姻不是忍受，而是透過自覺與自省不斷的調整。無論大海中遇見任何的景

況，就算是未如預期地在海面上輕鬆地航行，也必須選擇不停的划動船槳，不要失去前進的動力與航海中應有的方向。

我們是這些划船搖槳過程中的見證者，正因為經歷過這些撞擊、舀水、修補的過程，所以更加明白，承諾與廝守是將船隻開往目的地最好的方法。

恩典常與苦難同時伴隨，我們來到這個世上，需要學習如何愛。當我們受到憤怒的控制，會忘記生命來到這個世界的目標。因為承諾，我們願意共同航行到終點。因為廝守，我們成為彼此的幫助。

現在這艘船增加了成員，划船者多了，需要協調的技巧也需要更多的合作與討論。透過聰明的航道設定，即便航行到附近，也可以將速度降緩，小心的駕駛。千萬別粗心大意地航行在不適合的航道上，冒著過度自負而帶來危險的災難。

週末的午後，與孩子坐在百年的古樟樹群下，享受著幽靜的空氣。善化糖廠的煙囪，直立立的聳挺著，像是望著這百年來的繁榮與退役的記憶。樹垂下的樹鬚，在風中搖擺。

陽光穿梭在樹枝扶疏的縫隙間，涼風的吹拂，忘記這是聽得見蟬鳴的仲夏。阿勃勒樹在一旁，望著有孩子歡笑聲的涼亭。心的重量與歷史的重量，成了一樣的煙縷。

每個人，都是無限的音樂和弦、富有能量的交響樂。每首樂章都是「我們」，許多生命的智慧與義理是與生俱來的，只是沒有察覺。我們可以與這些美好的造物溝通，透過這些訊息告訴我們經歷的一切細節，如果我們懂得傾聽……

滴答的光陰飄落在油漬與運糖的氣味中，過去與現在成了零距離。因為，我們更懂得如何愛！

不再當搖盤子的人——母職角色的省思

在母職的生活中，曾有一段低潮時刻，那時我覺得自己像是一個在雜技團裡搖盤子的母親，手上與頭上頂著感情的盤子、事業的盤子、教養的盤子和音樂的盤子，搖到後來哐啷一聲，全部都碎了！

米家教養

97 一點一滴，書寫下對生活的咀嚼

如果淋浴是一個人在一天之中最美的獨處，那麼書桌是讓一個人得到完整自我

靈魂的空間。米爸知道我的需求，將家中最大的書桌讓給了我，讓我寫著自己喜愛的語言。

這幾天，與好友們一起享受雲莊與雪霸國家公園的山中休憩，在高山草莓梯田中採草莓，我帶回了「南奧北馬」中馬拉邦山的楓紅。看著拍下的照片，整理著撿拾的楓葉，書桌上也散放著零星閱讀的作品，還有記錄下的文字。

米爸的書桌上堆放了我侵占他書桌的物品，心裡覺得很抱歉，卻也感謝，感謝這位好伴侶原諒另一半的侵占。

書桌是我的角落，就像孩子的遊戲角。若書房裡的藏書，得以窺見一個人的靈魂，那麼書桌上的物品，便反映著主人的片段性格。生命的連載就在這一方空間裡涓涓寫成！

生活，不只是一天一天的故事，也是一點一點的細節；這張桌子，寫下我對生活的咀嚼。

我總在書桌前，陶醉著手中的閱讀。經典，百讀不厭，讓人覺得彷彿懂了，卻又好像有著弦外之音。面對聰明與精巧的構局，讓我開始進行自己的解讀並想穿越它，在留白的思考處成了另一位創作者，或將這些作品寫進自己的人生。

我的靈魂伴侶，縱容我可以躺臥在文字的房間裡，擁有自己與文字對話的獨處。這是我的私領域，得到極大的尊重與支持，是貼心的他帶給我的幸福感受。

——哪怕是全職媽媽，也需要不斷進修

近來有一段短期的代課教學工作。乘坐在新店線的捷運前往羅斯福路，往返於家中與學校間。有時，循著地圖的脈絡，來個課後的咖啡對談！有時，在下課後的歇息，聊著旅行中那五味雜陳帶給自己內心的語言，並化為音樂印記！

第一堂課，學生在課堂中笑著說：「我知道，您就是那位『愛相隨』的老師！」

「愛相隨？」我笑了，離開教學的職場有一段時間，這段不算空白卻是充實的另一種人生體驗，對我而言是一種擴充。

對於學習體認得更深，也更為明白競爭力不在於校名。畢業證書無法陪你一輩子生活與工作，陪伴你的是求學的精神、態度，還有期望與應許。

最近坐在電腦前想敲鍵盤時，卻寫不出心裡感受的十分之一，但是與人聊書、聊孩子、聊生活點滴，每個瑣碎故事中，即便有著不美好，也值得珍惜。

每天在意與擁有的是心靈和生命，然而心靈總是容易被不真實的外在打擾，而顯得昏沉，沒有活力！

——透過閱讀、撰稿或講演，與讀者更深刻地交流

返回台北的這段時間以來，我接下一些公益基金會與各地區的讀書會，透過閱讀、撰稿或講演的分享生活，與更多願意仔細檢視自己日常生活經驗的人、更多想要聆聽自己內心聲音的人、更多願意重新檢視自己、更多願意與他人及環境互動的人，共同在書香園地交流。

結識這些喜愛生活和文字的朋友們，他們是用不同的眼睛看世界和生命的人們。不同主題的書本，卻與我們有個息息相關的命題，讓我重新感受生活的每個片段。

透過書寫，將日常生活經驗寫下，讓自己面對直截了當的抒發心聲的方式，我不再容易覺得沮喪。這是我對自己目前母職身分的「在職進修」！

米家教養 98

投資內在，照料好自己的心，才能給孩子充滿愛與豐富的生活

有一次，在分享的活動中，我問：「大夥兒來分享疼愛孩子的方法是什麼？」這是一個很有趣的提問。大家你一句，我一句，每種愛的方式都令人感動。

疼愛孩子的方法是探索靈魂的操練，與不同年齡的媽媽分享，會聽到不同的方

式。

我有兩個孩子，愛他們與養育的方式都一樣多，沒有偏袒。另一方面來說，在老大身上犯下的錯誤，在第二個孩子身上也可能無法避免地重蹈覆轍。因此，我得時常更新自己的意念，投資時間照料自己的心，花時間培養自己的心，確定地讓自己成長，才能在生活中流露出愛與豐富。

——決定不再當「搖盤子」的人

在母職的生活中，曾有一段低潮時刻，那時我覺得自己像是一個在雜技團裡搖盤子的母親，手上與頭上頂著感情的盤子、事業的盤子、教養的盤子和音樂的盤子，搖到後來哐啷一聲，全部都碎了！

我努力收集最完美的盤子，然後努力地搖，但到底為何而搖？我們都有一顆期待夢想實現的心，但卻也發現人生往往不是因為做夢所造成的結果，而是因為做決定所帶來的結果。

心會決定一個人做事情的方式。旁人的言論卻常造成壓力和恐懼。當恐懼大於勇氣時，它就會偷走你的能力；而且，在極大的不安和不信任感下，更容易讓一個母親想去控制孩子的一切。每個人的能力有限，當深切思考過這點後，我決定不要再當一個搖盤子的人。

米家教養

99 現代教養訊息紛雜，父母必須自己先擁有很明確的方向

在教養孩子上，尤其如此，你會聽到很多資訊，但資訊有時讓人慌亂，所以需要一個很明確的方向。如果將生活當成像搖盤子一樣，就會產生控制欲，但生活裡的變數太多，無法事事掌控。

當失望大於期望，情緒也開始不安，帶來更深的挫折感。現實不如預期時，反而徒增失落與不愉快。與其如此，不如真心去承認自己的生活和理想的藍圖不太相同。

這時，接納自己、學習與自己相處是一件重要的事；不懂得去接納自己，也不會懂得如何接納孩子。在夫妻生活中也是如此，希望另一半能將心裡話說出來前，先要建立夫妻間的信任感。

——在這世界上，並不存在完美的另一半或孩子

人們常覺得事情都要圓滿，比如完美的伴侶與家庭成員，但有時這些意象是種錯

誤認知，它會讓人分心，分心之後容易自憐，自憐之後就可能真正失去某些東西。

這些「分心」就像是一道「牆」。遇到撞「牆」期時，會開始評估自己的能力，因為「牆」會迫使人去改變、去尋求方法、去了解身邊的人。穿越那道牆，才能通往更好的地方。這就是生命中的過程。

不斷越過障礙，也要面臨努力過後不見得有結果的挫折；當你沉溺在挫折與自責中，容易演變為自憐，會忘記自己要的方向到底是什麼。

這些年來，在與孩子相處中，發現孩子的勇氣比大人多了百倍，成人害怕「犯錯」，因為犯錯會折損自尊。但是，孩子即便犯錯了，也堅持要過很有創意的生活，那麼，何不將錯誤也當成是一種體驗。

在這個過程中會發現，自己原生家庭裡的教養方式不見得適合自己與孩子。想了解孩子前，先要了解自己。最後會發現，這個瓶頸就像是恩典的風，在不斷的調整中出現屬於自己的真正圖像。

米家教養

100 記錄下一週的生活模式，將最重要的事，擺在一早盥洗後做

心，是暗中隱藏的動機。我的眼光，影響著我的態度與想法。「你要保守你的

心，勝過保守一切，因為一生的果效是由心發出。」將時間花在何處，與我們生活的力量成正比，所以，一個母親是如何面對忙碌的一天？將最熱切、最渴慕的心，置放在哪裡？是花十至十五分鐘閱讀經文或喜愛的閱讀，或快速上網瀏覽十至十五分鐘，擷取最新的社會消息？或打電話跟朋友聊天？

我將自己一週生活的模式記錄下來，檢查每天的規劃與順序，發現應該把最重要的事情，放置在起床刷牙洗臉後的第一件事。

因此起床後的第一件事情，我選擇與「心」息息相關的靈修書籍，充實自己，也餵養孩子的靈魂。

我總精選幾句特別感動的話語，寫在卡片上或簡訊上，與先生、孩子分享。而這些分享也透過生活的印證，逐步實踐在家人身上。透過這樣的方式，日積月累，讓自己也獲得許多生命的造就。

——你是誰？你希望別人看見怎樣的你？

週三的下午，昕陪我與朋友前去採訪精品服裝的新品發表。「這是作品，不只是衣服。」昕不時地發出讚嘆。這些新開發的材質，讓他驚訝於服裝的領域宛如科學實驗般地令人驚豔。

會場遇見一些採訪者與賓客。難免要一段簡單的自我介紹。我發現自我介紹其實很不容易，介紹的內容關乎你想怎麼介紹自己，希望別人看見怎麼樣的你。

我住哪裡？我的年齡？我的喜好？我的身分？這些等同符號的名詞匯集後是誰，有時不免讓我有種別人眼中的「你」是否等於「財產清單」的感受。

——人們的迷思，兒子一語道破

在回家的路上搭乘捷運，昕很驚喜的說：「媽咪，你看，捷運進入洞穴時，我可以看到自己耶，但是出了洞穴，陽光很大，我只能看見建築物和松山機場。」

看著窗外一棟棟建築映入眼簾，我自己的形象變得不只是模糊，而是根本看不到自己，但是進入黑漆漆的洞穴時，我可以看見清楚的投射，影像的確變得很清楚。

人的欲望就像一棟棟建築，不斷追求外在，只會讓自己看自己愈來愈模糊。明亮光線的照射，反而把自己看得清清楚楚！

擁抱自己，問自己「我要成為怎麼樣的媽媽」？而非「我被歸類成哪種媽媽」。勇於認識自己而後接納自己，而不是讓自己跟著潮流走，那就像在河裡抓到浮木，只是跟著他人的意見漂流。

現在的我教導自己的孩子，學習將注意力從絢爛的他人身上移開，轉而發掘自己深厚的內在，這是一件不容易的事情。

你會成為誰，關乎你想成為怎樣的人。日子如何，力量也如何。購買物品是一種「消費」，但是在閱讀與聽演講、藝術生活的領受，是對自己的「投資」。無論在職場或是家庭，無論時間再忙，都應該持續自我進修課程。

米家教養 102
參加讀書會、看展覽或表演……投資自己的內在

與過去相較，我的物欲變得很低，但是「投資」變得很多。參與讀書會的我，每次的閱讀都帶來許多想法。閱讀到觀察深入，入微到生命因著有更敏銳的智慧者所帶來的深刻思考，我總會得到更大的力量。

投資，是讓自己進步的方式。「閱讀投資」打開眼界、視野，除了幫讀書會書寫閱讀書摘與綱要外，我總愛把自己的觀點四處佐證，將客觀與主觀的資訊一起分

享。這樣寫了一段時間後，累積不少的文字量，我總笑說自己是：「有紙」、「有量」、「有多文」！

利用孩子上課的時間，參加各社區公益團體的讀書會、座談會，或看表演展覽與聽演講，是「生活投資」。孩子回家後，我喜歡與先生、孩子一起讀經、禱告、談心，這是「心靈投資」。

這些投資不需籌算代價，也不需計較得失。這些投資讓生活少了憂慮，多了許多美好的事物，帶來心境平緩與心意的更新，與米爸忙碌工作後的家庭時間，也有不同的話題可以分享。「投資」可以打開自己的眼光。消費支出可以省，但充電基金絕不能省。扎實的生活，是迎向豐富的開始。

每天我都將點點滴滴，用手寫的方式記錄在筆記中。記住這些美好時光，當開始懷疑身為母親的價值時，這些記憶給予我繼續下去的力量。回憶那些美好，心進入喜悅，更新每一天，也使自己更有力量。

穩當在於陪伴——關於十二年國教

全世界最好的教育制度不一定能改變孩子。

我想帶給孩子一個重要的觀念，無論制度周全與不周全，為自己在環境中的遭遇與想法負全責，會發現顯著的不同。

最近十二年國教的議題爭辯不休，然而，我卻感謝這些爭辯。無論是恢復聯考制度，或是還在準備運作中的十二年國教，我看見愈來愈多的真相：這個世界沒有完美的教育政策。

許多家長擔憂著十二年國教的升學流程，對於多元評量工具頒訂有著許多揣測。

「檢測會不會帶來更大的補習熱潮？」

「制定十二年國教的專家學者的立意良善，但是對民情可能了解有限。」

「原本以為孩子的性向能獲得最佳的教育機會，但卻反而可能成為另一種菁英主義？」

與先前職場上的同事閒聊最近激增的音樂競賽與擔任評審的忙碌，多數家長因著十二年國教的影響，各類才藝競賽參加人口激增。例如參加音樂賽的北市鋼琴競賽人口比往年多了三百多人，而音樂競賽場次則增為千餘場。

米家教養 103

無論教育政策如何變，父母都該將教養重心，拉回最根本的家庭經營

如果問我對十二年國教的看法，我選擇以樂觀的態度面對，因為在我心裡有一個更大的力量與準則迎接這個新政策。

這個世界有太多計畫趕不上變化的事情，因此內心需要一個強大的定心丸，不讓教育政策影響孩子受教育的決心。

透過這些檢討與爭辯，我逐一明白，能讓孩子找到的學習道路不是教改，而是教

育。這些年來施行的教改，助長了多元化補習班的數量。

補教業的增長，部分家長認為是幫助學校教學的不足，但也有部分家長認為這是揠苗助長的功利主義興起。

我在許多結識的前輩口中，聽聞經過自省後的分享，多數是為著考試成績，少了親子關係的培養與陪伴，或是為孩子做了錯誤的安排，經過曲曲繞繞的轉折後，想回到原點——家庭與親子關係的經營。

我想，無論十二年國教政策怎麼走，升學體制有多麼複雜，我們應先回到「家庭」的經營這件事，因為這個主軸播下的生命種子，會因著你的灌溉而發芽成長。

一位媽媽的教養懊悔

哲學家齊克果有一句名言：「最深切的絕望，乃是做『不是自己』的人。」

曾在一場演講座談中，有位媽媽感傷地說自己做了錯誤的決定。她的孩子喜愛藝術，但迫於實際就業的考量，所以她在選填志願時，主導了孩子的選擇。現在孩子在工作上遇上瓶頸，並因為憂鬱的緣故而痛苦。她想轉達許多與她有著相同思維的父母，人生無法重來，走了自己不想走的路而無法回頭時，剩下的是懊悔。

過去，因著父母的愛，家可能成為一個不講道理的地方。因為有著太多的「你應該」，使得父母對孩子的「愛」成了阻礙中的「礙」。

米家教養

104 讓孩子選擇自己想走的路，當他們遇上挫折，他們更願意奮力突破

我有些感慨，想到當時自己違背了師長與家人的期盼，因為法商學院是當時高中班上同學多數選擇的科系與志向，我卻堅持就讀音樂系。那時我許下承諾，即便學習過程有挫折，也不放棄，必定全力以赴。因為，這是我的選擇。至今我仍慶幸著這個選擇，也因此與生命的伴侶米爸相遇，也有了兩個寶貝的孩子。

「選擇」是捕捉生存的過程，透過各式的「媒介」，得以與世界溝通。在選擇後的過程中，也需要學習如何面對未知的害怕。它就像舞台開幕時，想像的過程，會讓你有一些恐懼，不過卻在踏出第一步後，便得以穩定。

米家教養

105 人生在你努力後，結果不一定都是甜美。「刺」是生命裡很好的提醒

茶葉在滾燙的熱水中沏出苦澀與香味。人生往往就像一杯茶，不會苦一輩子，但

總會苦一陣子，經歷的過程可能不順利，包括績效不佳、自我否定等都是生命中的「刺」。這些「刺」提醒你獲得掌聲時無法驕傲，因為你明白獲得掌聲過程的淚水有多苦澀。

我心中明瞭，除了與快樂健康的戰鬥力成為好朋友，也需要與不悅的心情相處為鄰。對我而言，「刺」的存在並不是傷害，而是提醒自己經歷的「苦澀」是一種必然，但好茶是會回甘的。

——成績與成就，是人生裡的魔法？

小時候讀童話故事時，看到仙女用魔法將可憐的女孩變成公主，總好奇著，仙女為何不將魔法用在自己的身上呢？長大的我才明白，原來，仙女不對自己施展魔法，是因為明白魔法消失後的空虛，而魔法遲早會消失。等魔法消失，可憐的女孩終究會從公主變回原來的灰姑娘，那將更令人失落。

成績與成就，也許也是一種魔法？

人們的心很像容器，常常必須吞嚥一些苦楚與不得已。如果容器窄小，只有抱怨與挑剔，隨著時間的久遠，連眼神與姿態都會顯得乖戾。如果容器寬大，就愈有轉圜的餘地，回應的態度便是深刻經歷的芬芳與力量。然而，擴張容器的方法是生活的經歷與體驗。

教育，反映的是內在的素養，是一種以不同的觀點作為探討與檢討。它不僅以「教導」為出發，而是以「探討自身」，形塑屬於這個世代的觀點成了思考的匯集。

我總不時對著孩子說：「媽媽希望你有最喜歡的東西。希望你喜歡自己，懂得欣賞自己。」

——成績不可能是檢視一個人能力的唯一方式

面對生命，其實是一連串的越過。有人也許因為考場失利，所以決定不再讓自己有下一次沒盡力的可能。許多人念書一路過關斬將，卻在讀書以外的輕微地方跌倒不起。跨越的關鍵點，也可能是就職的職場。成績不可能是檢視一個人能力的唯一方式。

走自己所愛、所想的路就是一條好路。樂知者的執著靠樂趣，如果一輩子只做一件事，因為喜歡，就會因此堅持而不斷努力。事情做得長久，必然有些寂寞，但卻也能找到消除寂寞的方式，而那對我而言就是一條通往專業的道路了。

旅居台南時，每天接送孩子光是從家裡到學校，就可以開發五條以上不同的行進路線。我聯想著生命中行進路程的所見所聞，其中的許多功課是學校教不出的課程。

坊間有許多關於快樂學習、成功學習、健康學習等相關成功教養、家庭的策略書籍，對於制度與政策的探討書籍不勝枚舉。但是，在這片學習方式的口水戰中，我想談的是心思的超越；因為，我相信與其對著政策與他人談改革，不如談自己的改變。

養育孩子，可以有一個更好的方向，是為著讓孩子貢獻他們的智慧與智力來改善生活環境。能為環境帶來改變的人，不一定是實際的物質或績效。生命在不同的交會點出現轉折，我更理解創造生命的美好感受，來自於「態度」決定生活的價值。

當孩子遇見問題的時候，不要幫他們的問題找藉口，而是給予他們支持，為自己的問題找到解決方法。這是陪伴孩子怎麼想問題，如何思考的開始。

米家教養

106

轉換另一種思考角度，讓自己從「受害者」，成為「受益者」

每天孩子從學校返家後，偶有抱怨學校有些不公平或是觀念衝突的事件；我在晚睡前與孩子分享，看待事情時，不要從總認為自己是「受害者」的角度。

有時，這些不合理的事情可以為自己帶來另一種思考的角度。當我們「允許」自己不當「受害者」時，就會成為「受益者」，這也是身為母親的我不斷激勵自己面對問題的解決方式！

人們在一些事件發生時不免有「受害者心態」，因為「受害者」可以獲得關心與注意，卻也往往不會採取行動，改變現狀，只為避免被拒絕或受挫。因為，為生命負責任是一個繁重的課題，必須在沉重的經驗裡做困難的決定。

這些「受害者心態」，如果我們把它放到生活中，會發現即使發生好事，也不覺得幸運。執意背負著「受害者」的包袱，將機會拒絕在門外；也害怕脫離悲劇角色，會失去關心與負擔生命價值的責任。

家長、老師、學生的三角關係不穩固，正因為著許多的不信任與品格教育的執行流於口號而不完全。我們共同決定不在孩子面前評斷教育制度，當別人討論教改時，我們卻討論教育的方向與目的；當家長談論卓越與入學方式，我們談「超越」自己的心思。超越不只是孩子，而是父母自己本身。

因為，當你「相信」孩子，這份信心才能超越一切的政策。

米家教養

107 無論制度周不周全，孩子，請學會為自己的遭遇與想法負全責

全世界最好的教育制度不一定能改變孩子。孩子需要父母協助，幫助他們找到屬於自己的道路。我將這份「卓越」交在使命中，無論往後的時間還要多麼的長。

我想帶給孩子一個重要的觀念，無論制度周全與不周全，為自己在環境中的遭遇與想法負全責，會發現顯著的不同。

願意為自己的想法負責，便會離開無力感，獲得新的思路，得以填寫接續的生活。這種思考因為陌生會有些不習慣。但是，你會發現這些努力讓你脫離了原先的成見，以力量與恆心換來真正的自由。

美國教育家韓特（Madeline Cheek Hunter）說：「如果你想要安全感，那麼，就做你已經知道該怎麼做的事。如果你想要成為一個專業的人士，並且不斷的成長。當你前進到你能力所及的邊緣，會讓你暫時喪失安全感。因此，當你不十分知道你在做什麼時，你便知道你已經有所成長了。」

——學習的捷徑與最好的教育方法

新世紀正闊步地向孩子迎面過來，在這些世代交替中，為了自由與解放、進步與擴充、財富與繁榮而不斷的努力著，也因著爭取而帶來更多的不安。

它，是成果，也是警訊。身為家長的我們，更需要對這不安的機器做一個大檢修、冷靜的思考。

我珍惜著過去百家爭鳴的世代，為思辨之路提供了更多的方向與前進，但必須做一個決定，在獲得的成果與不安中做取捨。

改變思維，認清楚泥沙中的珍寶，發現更多因著忙碌而忽視，甚至遺忘的智慧。認清價值與方向不再只是顛覆制度，而是在家庭的基礎上創新自己。

學習沒有快速的方法，而學習的捷徑與最好的教育方法，就是「陪伴」孩子走一條正確的生命道路！

處理親子衝突，父母應先處理自己的情緒

曾在一次衝突中，我與昕耗上將近兩小時的溝通，我們誰也不讓誰，最後昕拒絕與我對話，並選擇離開。

他躲到沙發上，用靠枕為自己建構了一個小山洞。

在我的大書桌上，享受著清晨的閱讀真是美好。看著書桌下那堆滿滿的書本與書寫的講義，想著自己持續不斷所進行的重要課題：理解自己的情緒。

米家教養 108

檢視自己的成長過程，尋找生命中的教養「地雷」

當我無法為自己的情緒負責時，先生與孩子的生活也會受到影響。為了理解自己的罩門，我開始尋找生活中的「地雷」。

找「地雷」，是一件不容易的功課，得從自己過去不好的經驗開始分析。透過成長階段每個事件的發生，分析每個不同成長過程中遇見的故事，真正的認識自己。

——冷戰與躲藏的背後，是因為不知如何處理衝突

我回想過去生氣時，總選擇冷戰的方式。以為冷戰可以避免火上加油的爭吵與忽大忽小的音量。

對忽大忽小音量的敏感，來自於過去在學校與家庭的成長經驗。音量的強弱代表著指責或稱讚，讓我判斷這些話語是善意或挑剔。

曾閱讀一篇關於人腦結構與功能（The Brain Anatomy and Function）的文章，提及了人腦分別為腦幹、情感的腦與理性的腦。情緒的腦只認得「敵」或「友」。當你認為對話者是安全與可信任的，情緒的腦會將這位對話者視為「友」。當衝突

增加時，情緒的腦便設定這位對話者為「敵」。「友」的關係讓人想相互親近，「敵」的關係讓人想遠離、逃避。

過去當我情緒憤怒時，會選擇離開現場，到一處沒有人知道的地方或房間去釋放自己的情緒與不滿。這樣的方式，其實是拒絕溝通，也讓事情堆積而沒有解決。久而久之，成了我處理情緒的習慣方法。

在瞎子摸象的情緒處理過程中，選擇將自己的情緒隱藏，以為冷戰可以讓自己與對方冷靜。其實，是因著不知道如何處理衝突。

當我成為母親後，期待自己能用溫暖的方式，處理孩子內心的情緒與衝突，讓他們盡情的訴說自己的委屈與苦惱。期望孩子在我的同理心中得到安慰。

但是，過去解決問題的慣性，仍不免出現在我的情緒處理模式中，這樣的方式不但沒將自己內心的感受說出口，也沒有學會為自己的情緒負責。

——與兒子長達兩小時的僵持

回想起幼幼期的昕，對於事物的堅持相當固執。對於幼幼期的孩子，我認為紀律的要求需要一些堅持，於是與孩子之間總陷入愛與紀律的取捨，在教養的加法與減法中拉扯著。

曾在一次衝突中，我與昕耗上將近兩小時的溝通，我們誰也不讓誰，最後昕拒絕與我對話，並選擇離開。他躲到沙發上，用靠枕為自己建構了一個小山洞。這個巢穴是他的安全處所，他將自己躲藏起來。

我想繼續與他對話，但「走開」是他對我的回應，這是一份強硬的拒絕。當我看見這樣的溝通處於僵化，有著挫敗感的我，也只好離開。

——以為的「尊重」與「冷靜」，卻是最傷孩子的心

逸在一旁搖搖頭，她沒有出聲的咬著字句，一句一句慢慢地說著：「媽咪，你千萬不要走開，上次我和你吵架的時候，當你真的走開後，我覺得我的心都碎了……」

「心都碎了……」好強烈的用詞，我沒想過自己以為的「尊重」與「冷靜」，竟帶給孩子這樣受傷的感受。

苦惱於無法溝通的我，想起了自己的童年回憶，「這畫面好熟悉……冷戰與躲藏？這是我回應事情的態度？」

「與媽咪說說話好不好？」我輕輕掀開昕放在頭頂上的小枕頭，小心地說著。「走開」其實也讓我受傷，令我感到難受。但是，如果我放棄溝通的機會，我可能會失去孩子的信任。

「昕，你可以喊媽咪走開，但是我會選擇一直在你身邊，我不會走開，媽咪很愛你，無論如何都不會離開你……」

這時，我看見昕將枕頭一個一個拿開，他放聲大哭，張開雙手期待我的擁抱。我才知道，原來他的內心有著這麼大的需要。

如果我依著他口裡的話「走開」，那麼他內心會是多麼的難受。

米家教養

109 不被孩子的情緒牽著走，才能看見孩子的真正需要

我將他抱在懷中，昕一邊留著眼淚，一邊仍繼續說著：「走開」，但我輕拍他的背，口中不斷重複地說著：「對不起，媽咪不是故意的。媽咪誤解了你的需要，真的對不起……」

昕的情緒漸漸和緩，看著他逐漸平復的心情，我開始說話。

「跟著媽咪說：『我需要你。』」我一手摸著他的額頭，一手握著他的手，眼睛與他對望，用堅定而期待的眼神看著心裡受傷的他。

「走開」是他的回應，但是已經不像先前那麼憤怒，而是有些小聲且微弱。

我重複著相同的步驟，反覆對他說：「我需要你。」昕終於說出自己內心真正的需要。我也透過這個過程，明白了自己在處理孩子的情緒時，並沒有給予孩子正確的表達方式。

——看見自己內心的小女孩，不懂如何回應愛，也無法解決衝突

危機是「危險」加上「機會」。從衝突中發現真正的問題，讓危機成為轉機，但也考驗著家庭經營的智慧。

這次的衝突就像是引爆了生活的地雷，但卻也透過這次的經驗，我了解到，在每一次的衝突裡，都要提醒自己有誤判的情緒與言語的可能。

關係愈親密，衝突愈大，就像牙齒不會與耳朵相互傷害，反而因為與嘴唇親近而更加容易咬傷。人與人之間的關係更是如此，與家人是最容易發生衝突的。

衝突的發生，常常反映著一些核心問題沒有解決，也容易成為心中的地雷。爭執讓關係停在「過不去」的那一天。愛，也在自尊中，透支了情感。

我在這次的經驗中，看見了自己內心住的小女孩，一個對於愛不知道如何回應，卻也受困於無法解決的衝突中的小女孩。

當我看見用手指責他人，口裡聒噪不停的怒罵聲時，總會浮現茶壺的畫面。

一隻手如壺口的指責他人，兩手扠腰宛如握把。鼎沸的茶壺冒著煙，就像是火山爆發的情緒，壺裡裝著滿滿的怒意。其實，茶壺裡裝著許多有著受傷經驗的小女孩或小男孩，即便他們的外表都已是成熟的身軀。

人們往往打的不是現在的仗，而是過去沒有處理好情緒的糊塗仗。

我開始學習觀察對話者內心的小男孩與小女孩，因著這份發現，帶來母性的擁抱與安慰。

最重要的是，讓對方覺得被接納與信任。因著安全感，這份關懷與安慰才能有效地傳達。

米家教養

110 當孩子犯錯時，父母必須不動氣，才能真正處理好孩子的問題

面對孩子犯錯，我需要努力做到的是如何「回應」，而不是情緒性的「反應」。

學習不把孩子的問題當成自己的問題，孩子也正在學習。所以不要威脅孩子，他們不會因著要脅而改變態度。他們知道爸媽的內心有一個紅色的情緒按鈕，按下去，可以使得控制父母情緒的權力握在自己手上。

當孩子對紅色的按鈕一按再按，按了三、四次都按不動時，他知道這個爸媽有

能力，是不會被情緒控制的。這個功課讓我學習許久，學會將心理狀態劃上安全界線，讓自己有足夠的餘力處理孩子的問題，而不是讓自己的情緒與孩子的問題加倍的「勾勾敵」。

當我愈來愈不會動氣，我也越可以冷靜地面對孩子的各種情況。當孩子知道你連紅色按鈕都沒有的時候，也會更加的尊重與敞開。

——用「憤怒」管教孩子的家長

曾在超商前，看見一位家長失控地在大庭廣眾下怒罵孩子。家長無法抑制的對著孩子發出怒吼，加上手握拳頭的動作。孩子忍受著被怒罵，驚恐的看著四周。

表面上看來，這位家長好像情緒失控，其實他內心明白孩子恐懼他的憤怒。憤怒讓他快速達到管教與讓孩子妥協的目的。

真的無法控制憤怒嗎？還是這位家長心裡明白，即使隨意發洩憤怒，也不會有任何後果？

我想，這絕非第一次發生，而是多次的管教習慣。這位家長知道可以使用憤怒作為溝通的手段，控制孩子。

控制欲是來自背後的不安全感，包含了自責與期望的失落。如果他對自己多一些自信，對自己孩子多一些接納，便不致使用威嚇的方式面對孩子。

——一則發人深省的故事

關於情緒與關係的經營，是一門很重要的功課，我不禁想到一則故事。

有一位年輕人，因為情緒與脾氣不好，常常動不動就對人破口大罵。礙於一直無法改善自己的壞脾氣，所以前去找一位智慧長者詢問。

「老師，我脾氣不好，常常發怒而得罪人，我該怎麼辦？」

「那麼，下次你想發脾氣時，就在牆面上釘一個釘子。」智慧長者摸著白鬍子說著。

過了一個月，年輕人又來找智慧長者，他說：「老師，謝謝您的教誨，我現在很少亂發脾氣了。這一個月也都沒有再發脾氣了。」

「恭喜你，你想不想讓自己的情緒控制得更好，讓一整年都不發脾氣呢？」

「當然，只要可以不亂發脾氣，我就會擁有更好的人際關係……」

智慧長者說：「那麼，以後你每發一次脾氣，就從牆上拔一根釘子下來。」

過了一段時間，年輕人又回來找智慧長者，他說：「老師，您真是真正的智慧長者，牆上的釘子我都拔下來了。我現在幾乎都不會亂發脾氣了。」

「那麼，現在那面牆變成了什麼樣子呢？」

年輕人想想，腦海浮現的是布滿釘痕的牆。

智慧長者說：「你與他人的關係就像是那面牆，即使釘子都拔除了，但是釘痕卻也在上面留下了深刻的痕跡……」

為自己的情緒劃下界線是必要的。

先前曾閱讀Ross Campbell的研究論述，他認為每個人都有個情緒的箱子，等著被愛填滿。

當你發現家中開始出現刺耳的言語，或者吹毛求疵的批評與論斷，不願坦露真心的謊言……這些，都是從枯竭的愛的箱子開始。當愛的箱子空了，問題就開始發生。

有一句名言：「孤立，能毀壞人的心靈；隔離與拘禁，是最殘酷的責罰。」真正感受到被愛，感情才會真正的成長。

米家教養

111 不是因為孩子表現優秀，父母才愛孩子。愛是無條件的

真愛是「無條件的愛」，是完全的接納，是肯定你所愛的人本身，而不是他們所做

的事情。

將孩子的情緒箱子填滿愛與信任，他們相信父母對他們的愛是真誠，而不需要附帶「表現優秀」的條件時，對孩子的勸勉也才容易深植於他們心中。

「有條件的愛」所養育的孩子，會用同樣的方式愛他人。他們懂得利用情緒與條件控制家人與朋友，甚至未來情感相處的對象。

父母等著孩子表露愛的心意，但孩子並不知道如何「無條件」地愛家人。高興的時候取悅，不高興的時候則是折磨或逃離。負面的循環，帶來對愛的誤解。缺乏愛的情感，也扭曲自己與他人的關係。

——轉個念頭，改變自己被束縛許久的習慣

愛，是教養孩子的基礎。許多時候，我們需要挑戰自己內心的「習慣」。「習慣」需要自覺，透過自覺，明白許多時刻下決定後內心的天人交戰。

記得有一次前往讀書會，因為忙著幫孩子送午飯，匆忙之間忘記帶自己習慣使用的書本與筆記簿。我腦海裡聯想到許多尚未發生的狀況：無法在書本寫眉批，更要命的是翻頁得非常小心。我用著自己不習慣的書本，讓我的內心有著不方便、不適應、很麻煩的感受……

看著拎著午餐，充滿焦躁不安的我，逸冷不防的說：「媽咪，你的習慣會讓你變得很麻煩。」

是啊，許多時候我能面對生活中更大的困難，卻因為芝麻小事影響我的情緒。在這個時刻，占滿我腦袋的不是建設性的思考，而是憂慮與不安。

煩惱與憂慮不一定在重要時刻侵襲你，而是在生活的細瑣事件中影響你的心情。你會天馬行空的胡思亂想，讓各種假設的可能性占滿你的心思意念。

這些憂慮的情緒竟然將我原本快樂與安穩的情緒趕跑。我在「習慣」的困擾中失去原本想在讀書會分享的喜悅。

「好，夠了，停止負面的想法，你得調整角度看待事情，用積極的眼光去看生活中發生的每一件小事，這些都是對你生命的暗示。」我堅定的對自己說著。

三個小時讀書會的分享，可以在三分鐘內，因為選擇的態度而改變。

我鼓勵著自己，這個事件的發生可以成為今天分享的好題材，讓我學習面對自己的「習慣」。

這個不算是「危機」的小事，也可以成為「轉機」呢！

——情緒會傷人，且影響深遠

曾翻閱到一篇牙醫週報，上面討論著齲齒與牙周病的保養與預防。有位牙醫師分享情緒會影響牙齒的健康。

有位病患原本牙齒健康，卻因為配偶住院一個月，擔憂與嘮叨的情緒影響體內「鈣質」的平衡，造成九顆蛀牙，情緒對人體的影響真是令人無法想像！

許多時候，我們是否在憂慮、憤怒與混亂中蹂躪了生活？

在婚姻與親子溝通中，也有許多的「習慣」，可能是極細微的語氣或是態度，讓另一半與孩子傷心。

如果對自己的感受不敏感，也不洞察，又怎麼有能力洞察先生與孩子的感受？更不可能學會安慰的課題。

米家教養 112 父母對孩子的安慰，長久下來，能轉化成孩子內在的力量

漸漸長大的逸告訴我，許多時候她懂得安慰自己，是透過內在的聲音安慰困擾的情緒。這些經驗來自她將媽媽的安慰聲音，轉成內在的經驗，而成為自我安慰的能力。

我想，如果成長經驗中缺乏安慰的經歷，也許不知道該怎麼安慰別人與自己。

因此，當她與我分享這些過程時，我謝謝她，也謝謝我自己。

自覺需要勇氣，需要察覺自己面對衝突時，是採取了何種方式？是否能有效解決衝突？

愛與管教是一門極大的智慧。沒有愛，情感會饑渴。情緒的箱子接近真空的狀態時，就如同一部車子的油箱抽乾，是無法驅動車子前進的，汽車需要從油箱得到動力的來源。

孩子需要從情緒的箱子得到情緒的力量，使他們能安然度過孩童與青春期的挑戰。先生需要從裝滿愛意的箱子得到精神的力量，使得他們盡情地在工作上發揮能力。

情感是終身的學習，情緒的調整是一門重要的功課。我們能給配偶與孩子的最佳禮物，是自己的情緒、身體、靈性和心智的健康。

愛裡沒有恐懼，因為沒有恐懼，所以可以真實的面對他人與自己。因著真實面對而擁有支持與力量。

我相信，當孩子能理解你愛他的方式，感受到被照顧與被愛，因著需求被滿足，孩子會對你完全的敞開。

陪孩子學會原諒——一場同理心之旅

「昕，我們閉上眼睛，想像你自己在籃球場上運球，因為不斷的失誤，所以你身邊的哥哥不斷的指責你是笨手笨腳的，責罵聲不斷……」

「媽咪，這種感覺很難受，如果一直有個人在旁邊責罵我……」昕閉著眼睛，腦海浮現的是一張低著頭卻難過的表情。

一早起床的昕，發現逸清晨六點已出發去畢業旅行。想到出遠門的姊姊，紅著眼的昕哭泣起來，直說想念姊姊。

昕抱著我說，原來每天早上有人陪伴上學是這麼幸福的事情。

我們一起在晨間閱讀，昕與我一同禱告，讓我們的想念與祝福，在禱告中保護姊姊：「願我們的寶貝逸有個美好的、溫馨的畢業旅行！」

生活中最難能可貴的是，有美好的情誼分享生命的憂怒哀樂。人與人之間的情感溫度，讓平凡的生活有了美好的點綴。

晚上睡覺前，例行性地與孩子分享一天生活中的美好與困擾，讓彼此有談心時刻。

這一晚，逸畢業旅行在外，所以與昕有較長的談話時間。

——兒子遇上的人際難題

先前，昕遇見一位在言語應對不甚友善的朋友，會以身形、外貌、運動來評價昕。身為母親的我，心疼孩子所面對的處境。

成人的我們懂得保護自己，但是孩子仍在成長中，看著孩子訴說他的苦處時，總會感受到一些揪心！

「學習長大，總是要經過一些苦楚，才懂得體貼人吧？」我這樣樂觀的想著。傷痕可以帶來深度，因著受傷能體恤他人的受傷，為自己與別人帶來成長。智慧，不會從注意別人的過失中產生。原諒與饒恕，是比反擊更好的學習。

惡意的言語對立，只會帶來更大的傷害與更深一層的摧毀性人格攻擊。不但無法改變攻擊者的觀念，反而帶來更加惡意的出擊。當然，語言在情緒中扮演著重要的角色，因為感受會被言語所影響。同時，感受也影響著我們使用的語言。

米家教養 113

藉由情境的導引，讓孩子明瞭攻擊者的心情

為了讓昕能明白對方的處境，我與孩子進行了一場「同理心」之旅，開始口述一種情境。這個情境的組合是他最喜愛的運動，當中的角色有「虛擬的兄長」與最愛的家人，一起在運動場上進行著活動，滿懷著興奮的心情，共享與家人一同運動的家庭時間。

「昕，我們閉上眼睛，想像你自己在籃球場上運球，因為不斷的失誤，所以你身邊的家人不斷的指責你笨手笨腳的，責罵聲不斷……」

「媽咪，這種感覺很難受，如果一直有個人在旁邊責罵我……」昕閉著眼睛，腦海浮現的是一張低著頭卻難過的表情。他想像著這位哥哥是自己打籃球時的崇拜對象，是心中的籃球偶像，他不斷地努力，想得到他的肯定，卻一再被否定。

「媽咪，我一定要繼續想像嗎？這種畫面感覺好難過，我覺得非常受傷耶……」

「昕，媽咪也會犯錯，有時不小心說了傷害你的話語。當你生氣時，你最常用什麼樣的方式表達心裡的不滿？

「昕，再想一想，想想這位朋友，是用何種語言責備身邊的夥伴……」

「媽咪，我懂了……我知道你要告訴我什麼，我知道這位朋友過去是用這樣的方式被對待著，所以，才會不知不覺中使用這些被責備的語言來責備我……我懂了……」

昕難過的流下眼淚，這時候的他，想到的不是自己被傷害的語言，而是這位傷害他的朋友曾經面臨的處境。

——沒有人會天生想傷害人，也許是曾經受過傷，未獲療癒

我想傳遞的是，人的心在受傷時，會像含羞草，一碰觸就關閉。當一個人被刺傷時，保護自己最簡單的方式，便是將自己的內心關閉，不再講話。與他人之間的溝通，便是他有限的經驗所聽來的語言。

孩子透過情境的想像，可以約略了解攻擊者可能也是受過傷的人，因為沒有原

諒生命中的傷口，這些傷害成了他的護城河。內在的心待在連自己都不知道的處境中漸漸惡化。傷害他人成了一種撫慰自己的機會，以傷害換取傷害。

這件事也提醒著我，與家人相處最相近，但卻也最容易在無意間彼此傷害。

米家教養

114 與兒子一起為對方禱告，祈求力量與寬恕

這段時間以來，在每晚睡前，我與昕一起為這位同學禱告。我耳邊響起昕的祈求，述說著他需要的力量與寬容：

「親愛的天父，請祢讓我更有肚量去面對嘲諷的語言，請祢讓他改變對我的態度。我相信他也曾經歷被否定的嘲笑而受傷，所以他才會這樣對待身邊的夥伴。」

「請祢幫助我，也幫助他……也許我的耐心做不到，但是我相信祢會幫助我……」

我們禱告真心恆切，將心裡的憂愁與難過說出口，語言單純，不帶有任何的批評與論斷。

米家教養 115

有些「傷」處理得宜，會是有益的

情感是整合自己與環境交流的溝渠。每位父母都愛著自己的孩子，不忍孩子受傷，孩子所受的傷，對父母來說，總會有股心同此理的疼痛。在這件事情上，我若給予語言的責難，只會讓孩子學會抱怨與蔑視的論斷。

這些行為，就像是口臭，當它的味道從別人的嘴裡吐出時，我們聞得到，但從自己口中發出，卻可能不自知。

身邊有些家長認為我的教育方式，會讓孩子成為草食性動物，而無法面對環境中的恐龍與怪獸。

生活總會遇見一些痛的事，有些事件帶來令人痛苦的回憶。但是，「傷」與「害」不同的是，有些「傷」是有益的。「傷」帶來的是鍛鍊，鍛鍊是必須經歷一些熬煉的過程才能產生信心。

——了解他人的難處，才能帶來真正的原諒

初出來到世界的嬰孩，沒有自卑；信任著眼前的人，是一位夢想家，因為愛的

滋養而變得強壯勇敢。當孩子開始遭到拒絕與否定，保護機制的產生讓他們選擇避開痛苦，卻也遠離真正的快樂！

恐懼認為應該逃避的事情，往往是一種想像。孩子面對惡意的語言，需要學會的是不對號入座，並透過觀察，明白這些傷害的行為背後有它的源頭。

成長包含掙扎與獲得，透過發現這些事情的真實面，發現沒有想像中的威脅性，也是一場勇敢對抗恐懼的戰役。

原諒需要力量，透過戲劇性的情境想像，讓孩子明白對方的環境與軟弱，才能找到原諒的動力。

——兒子令人驚訝的轉變

經過不斷恆心的祈求，終於有一天，昕開心的說：「媽，我覺得他改變了，其實他的嘴巴說的話雖然不好聽，但是，他還是有優點的。

「當我們一起在操場運動時，他會邊罵邊教我。其實，他是一個不會表達的人，所以錯用了一些方法來表達與吸引別人對他的注意。

「他其實是一個心地很好的人耶……」

我相信，昕與我的禱告，最大的益處是改變自己對身邊人、事、物的偏見。將眼中的梁木挪走，帶來環境與自身更友善的關聯。

米家教養 116

父母以正向、肯定的態度面對孩子的人際關係，才能真正幫助孩子

每個生活中的小小不如意事件，可以是沙漠，也可以是沙漠中的甘泉。我從孩子身上學習了眼光與態度，更加明白孩子應對人際關係有他的時間與體會。家長若能以正向與肯定的態度應對，而不是讓孩子只是覺得這是人性、是社會的黑暗、是所有世界潮流的思考……

遇見生命的難處與瓶頸時，想想影響自己生命價值的帶領者是如何思考的？會怎麼做？這是我學到的智慧。

現實的真相也許令人疼痛，但如果能穿越它，便能從這個經驗傳遞的訊息中獲得智慧。它，幫助你調整生命的觀點，讓你因有相同的經歷而懂得安慰人。

奧地利心理學家維克多・弗蘭克爾（Viktor Frankl）說：「人最大的自由，是他在任何遭遇中都可以選擇自己的態度。」

減分文化的思考，讓個人遇到問題時帶來「障礙」的觀點，而正向的思考是從問題中看見「機會」。反求諸己，生活會處處看到機會。

米家教養

117 父母在教孩子原諒前，該幫助孩子的事

常覺得生兒育女，帶來了自己世界與價值的改觀，生命中遇見的各樣資訊會累積成重要的修訂工程。我們生命的地圖是一個隨時要修正的圖表。有時必須常告訴自己，生活在這個世界上為的不是成為最受歡迎的人，而修訂這張生命的地圖也難免會有掙扎，但是你得學會這些不合本性的事情。

因此，我嘗試有別於過去做事的方式與原則，學習當家庭成員遇見憤怒或難以饒恕的事情時，不急著教導他們「如何原諒」。使傷口復原，心裡要得著滿足，才能面對傷害與負面的情緒。

透過生活裡經營的點滴，給予陪伴與關懷，漸漸地將生命應當學習的信仰與真理傳遞。當他們感到自己擁有與珍惜的是這樣富足，就能從傷害中漸漸成長了。很高興，我們又學習到這一門課程。

——學習用新的角度觀察與對待人

這次的方法，要特別謝謝逸帶給我的建議與提醒。總是默默關心著弟弟校園生

活的她，常常不經意透露一些小方法，藉以幫助弟弟的人際關係。她欣賞身邊同學與朋友的優點，在她眼裡，每位同學都有自己的長處與能力。學習用新的角度觀察與對待人，是兩方都受益的好方法。

我感謝，這一天我聽見天使的聲音，捎來孩子成長的訊息！

睡前，畢業旅行中的逸打電話回家報平安，也與昕敘述今天的旅行樂趣、聯絡感情。

我們輪流講電話，並做了睡前禱告，我們透過這樣的方式相互祝福與表達想念……這是一個感恩與窩心的夜晚！

——之四 愛裡沒有威脅與恐懼

當父母對孩子說：「你若如何如何，我就不愛你了……」
這些都不是愛，因為愛是沒有條件的。

全職媽媽——十八般武藝集一身

「我跟我媽媽都會閱讀你媽媽的文章喔。」昕的同學說著。

「可是，我媽現在很少寫文章耶。」

「為什麼？你請你媽媽多寫一點啦，這樣我和我媽媽的關係比較好！」

我常鼓勵身邊的婦女朋友們，「家管」是「家庭企業管理人才」的簡稱，集眾多工作於一身：家務管理執行長、學業數理運算管理者、生活心理學家、廚房創意工作者、生命智慧與設施管理者、駕駛……因為面對社會新女性的角度與價值觀，對於全職媽媽難免以貶抑，或以委屈犧牲的角度省視。

——沒有任何事能難倒她

孩子在台南就學時，孩子的英文學習，因為先前的英文老師到日本進修，接後返美的行程而有了重大的改變。

我仔細搜尋適合的團體英文學習環境，終於找到一處沒有學習壓力，強調快樂學習的環境。在打好如意算盤時，卻收到逸的英文班無法開班的通知。

身邊許多認真的媽媽們，熱心推薦我許多有著良好口碑的英文學習環境。於是，我開始走訪、打探。幾日的勞累，似乎自己成為患了「開學症候群」的學生，心裡想著：「好想放假啊！」

看著媽媽朋友們總能在恰好的時間趕送孩子上下學，總能精確地計算出地點A到地點B所需要的時間，知道哪一條路不會塞車，路程又快又近。能精確地規劃好路線，在恰到好處的時間內到達定點。

能精算出每個月的例行開銷，滿足孩子需要的學習。

能在菜市場廝殺後，換來一頓美味的飽足餐點。

能將孩子從小到大喝奶、換衣換鞋、排泄與健康管理、睡眠……將這些流程與精算掌握與拿捏得宜。

基於以上絕妙的經營與管理，還有邏輯思考的路線規劃，我深刻地覺得這位「家庭企業管理人才」還是個「數學天才」呢！

——若發給全職媽媽薪水，一年四百多萬

少了工作上的收入，承擔著家庭教育與管理的重責大任，情緒的波動是難免的。想到一句話：「A prayer for the wild at heart, kept in cages.」（敢想不敢為者終困牢籠）。盡力過，至少不會有「想當初」的遺憾。這些過程讓我明白，珍惜身邊擁有的鼓勵與關懷是多麼可貴。

根據美國Salary.com公司發布的調查，若全職媽媽屬於有給職，一年薪資應該是十三萬四千一百二十一美元，約合新台幣四百二十九萬元。全職媽媽一週工作時數平均為九十一點六小時，並且全年無休。

媽媽是孩子生命中重要的學習榜樣。身為母親的我們，不需以學歷、身分、外表為榮，而是看重夫妻與親子關係。孩子從母親身教中能接受到真正重要且寶貴的價值觀。

生命的成長是一層層的歷練累積，人生有許多階段性的任務，忠於當下的選擇

與職分，經歷過母職生涯的裝備與洗禮的我，對生活與價值的觀點，有著更多的調整與接納。

身為家管者的我們對家庭的貢獻極大，不需外在光鮮亮麗的頭銜與掌聲來肯定自己的價值。

經營與家庭的生命工程，奠定美好的根基是我認知的美好使命。因著經營這份微妙的家庭人際關係，帶來我在團體人際關係中更多表達能力的精進與肯定。

——全職媽媽是一個極大的挑戰，吃力且不討好

全職媽媽是我的在家自學，是一個豐富的挑戰課程。

Bill Cosby在《天才老爹》影集說：「如果我可以把兩百個兩歲大的幼兒管得服服貼貼，我就可以征服全世界！」

智商，不是在育養兒女路上取勝的偏方。

小孩總是像時鐘一樣，肢體不斷地動、腦袋不斷地運轉，想到幼幼期的他們，一掙脫爸媽的手，跑得比誰都快。看著孩子，總想著他們的內心是不是大聲說著：「我們是世界，世界是我們！」

孩子出生前，我不明白自己有著這樣的情感可以這樣愛著、給予著。我無法想

像，若這樣的情感不表達，要如何更新世界不斷變動的經驗與資訊？

正是因為這份情感的滿足，讓所有的事情都失色了。

相愛的溫度，左右著我們的心！育兒也許會辛苦疲累；然而，人生最充實的經驗之一，是看見孩子逐漸的成長與成熟。

米家教養

118 為了不讓孩子擔憂，戒除熬夜的習慣

五都選舉的前夕，我們準備趕回台北投下神聖的一票。昕在返回台北的車上，笑著告訴我來自班上同學的對話。

「我跟我媽媽都會閱讀你媽媽的文章喔。」昕的同學說著。

「可是，我媽現在很少寫文章耶。」

「為什麼？你請你媽媽多寫一點啦，這樣我和我媽媽的關係比較好！」

「可是，我媽媽現在花很多時間跟我們聊天，還有晚上的抱抱睡覺。」

說完，昕說他內心常擔心著熬夜創作的我會生病，這個隱憂放在他的心裡一段時間了。因此，為了不讓孩子為父母擔憂，我開始例行朝型生活。陪睡的我，常常在一旁也跟著呼呼大睡，直到米爸回家喊我起床。

以前昕曾幽默的說：「媽咪，你要把握可以陪我睡睡的時間，因為等我長大後，我可能會不好意思讓你陪我睡覺囉！」

「你『長大』是幾年後的事？」

「三年！」昕篤定的說。

「啊，孩子的陪睡時間也只有十年嗎？」我笑著說。

米家教養

119 父母不該對孩子說：「你若如何如何，我就不愛你了……」

調整生活後的我，時間因著適當的安排而顯得充裕，我花許多時間思考與孩子、家人之間的關係，並且更深切的溝通與建立。希冀超越過去「因為我是媽媽」的身分。

發生火災時，總是先關心怎麼滅火，但事後也需要關心火災發生的原因。現在的我，以柯南的角度觀察孩子的言行，仔細觀察孩子在不同年齡，反映在做事、待人的「動機」。

「動機」推動著父母的教養與孩子願意信任的行為，是行動背後的「因」。也許曾因為只注意到孩子的課業與行為，而忽略了背後的原因，也發現「動機」在許多層面上影響了孩子的品格與自信。

我期待自己不僅是幫助孩子培養為自己的行為作主的能力，也想幫助孩子為正確的理由去做對的事情，這部分需要勇氣。

生活中常會發生許多小故事，我們在當中不斷的驗證、經歷。其實更深切的思考，是父母施加在孩子的約束，不一定能成為品格的一部分。因著外在命令所做出的行為，顯示他們還是個孩子。究竟孩子是否因著父母的規則？或機動性的策略是否能達到解決孩子的問題？父母需要深思。

曾閱讀一篇關於學生的訪談，因為成長的經驗，他無法不同意與不順從父母的決定。因為一旦不順從，父母就會撤回對他的愛。這個提醒，讓我仔細檢驗著自己，是否在言語或管教間，對孩子說了「條件交換」所帶來的誤以為得勝的小戰役。

「你高興、你憂愁，我們都與你一起經歷。你生氣，不要擔心我們會失望。我們都愛你，我們的愛沒有條件！因為你就是你，我和爸爸都愛你……」聽著這句話的孩子，總會給我和米爸一個溫暖的擁抱。

——兒子為米媽準備的早餐

「媽咪，你喜歡我為你準備的早餐嗎……你一定喜歡的，我每星期都會找一天為你和爸比準備早餐。」昕貼心的說著。

不善於將內心感動表達的昕，有著許多的改變。一早為媽媽準備了喜愛的烤土司與紅茶。

米家教養 120

當母親改變，孩子也跟著改變

我理解害羞的他內心情感引擎被啟動，也檢驗著自己從過去到現在的教養方式所帶來的結果，有許多其實需要重新思考，或修正的方式與觀點。

我們經歷了許多的點滴，這些都是我生命的禮物！

詩人帕斯（Octavio Paz）：「當我們凝視任一事物夠久，我們的目光就會變成生命的反光，回照到自己身上。」我們用何種的角度，就看見怎麼樣的世界。我始終覺得，孩子的內心都存在一個宇宙，探索孩子會帶領我們進入另一種思維，會更加真實面對自己內心世界的探索。

鑽石，是世界上最堅硬的物質，建構出細膩細節；時間也是鑽石，得讓最純粹明媚的時光延續。經營家庭的關係，是我認定生命中的鑽石。是最好的時光，讓通過試驗的耀眼寶石更顯出造物之美。

——每一位全職媽媽，都請給自己一份掌聲

光陰，將我們與孩子的心曬得暖烘烘。愛與自由，是它獨有的溫厚氣韻，以及一段美好的時光。若說十年有成，那麼我在育兒這有成的年歲中，努力與改進也有了小小的經驗與累積。

以自己為榮，家人也會以你為榮。肯定自己是位好眼光的女人。每一天，都給身為媽媽的自己一個愛的鼓勵吧！

家，不完美所凝聚的完美

愛情之所以偉大，不是擁有多愛我的人，而是你決定無條件的愛。

記得有一次，與孩子玩著商店模擬遊戲。昕忙著標示每個商品的價格。

「媽咪，你覺得哪種商品會是百貨公司的熱賣商品？」這是逸的提問。

當時，我腦海閃過一個念頭，是「愛」吧？

如果「愛」可以販售，那麼每個人都會強烈的想購買這個商品，因為人人都需要並且強烈地渴望著。但「愛」不是商品，也無法販售，更無法打折出售，即便有再多的金錢，也不一定能取得。

——安養院裡的爺爺奶奶，心裡最深的渴望

與朋友們前去探訪安養中心。一踏進安養中心，便是刺鼻的濃烈藥水味。放眼望去，多數老人戴著呼吸器、行動不便坐著輪椅，或是吊著點滴。

我們先唱首溫暖的詩歌，配合著簡單的肢體運動。準備音樂時，安養中心的醫護人員推著輪椅，上頭坐著年邁的爺爺奶奶。他們臉上有著期待與寂寞。

護士告訴我，送到此處的老人家多半因為家中能照顧的人手不足；前來探望的家人不多，願意陪伴的時間也不長……

唱完歌曲，第二個階段的活動，我們製作了幸運籤。每位爺爺奶奶可以抽取一個幸運籤，籤上寫著為他們按摩、唱歌、擁抱。

我擁抱了一些老奶奶，她們的肩膀柔弱，手部肌膚有些乾燥，身上有著濃烈的藥水與體味。有些老爺爺不知原因地落淚，衛生紙一張張的抽取、擦拭……在百感交集中，探訪的活動結束了。

我曾與好友們說將來年老後，不想依靠孩子。也許，我們會是一群坐在電腦前寫著網誌，玩著社群網站的老人家。然而，這一天的探訪，卻讓我心裡有著奇異的思緒：「這些老人家需要的關心，為何得不著？是因著家人的忙碌？是因著家家有本難念的經，夾雜著兩代間的愛恨情仇？孩子與父母相處的時間，是否意味著多給

的多收？少給的少收？」

我心裡滿是各種可能與猜測。想著這段時間，婆婆因著五十肩與坐骨神經的痠痛，必須長期到復健科做例行的復健。

婆婆說：「當我看見一些老人家是傭人推著輪椅進來時，我覺得自己很幸運，有著孩子與媳婦的陪伴。畢竟，傭人與家人的照顧就是不一樣……」

生命會面臨不斷的遷移，然而，哪裡是第一口呼吸就身心自在的地方？我想，心在哪裡，家就在哪裡；家人在哪裡，心便在哪裡。

我在安養院裡看見年邁長者眼神中的渴望。他們的眼神中透露著渴望兒女的陪伴，與渴望回到熟悉的家中。

——暫停博士班課程，全力投入母職近十三年，因為人生不只是名聲與年薪

空間，是有記憶的，它刻畫著年歲與態度。我喜歡回家，因為有著我嗅覺的安全感與味覺記憶。

「家」，背後所牽引的情感、性情糾結，是生命情韻的流動。「家」，是心之所安，是人和人的關係；是生命面對生活最大使用量的容器。對世界與生活的冒險好奇，面對生命的烏雲、旅途的疲憊與風霜，一旦踏進家中，都被放置在門外。

所以，當朋友或訪談問及：「你捨得過去在專業領域的栽培與經營嗎？」

每個人的生命中，都有著不同形態的記憶。一段簡單的旋律，或是飄過來的氣味，一齣電影或電視的橋段，都將我帶回腦海內深刻的，或是想遺忘的過去。然而生命，不是只有痛苦，也有豐富喚起溫暖的時刻。當我年紀愈長，愈發現「家」對我的重要性。

「我的人生豈僅是名聲與年薪！」我的回答直接而肯定。

──母職，最無法計算與交換的事業

「家」值得我投注一生經營，並且成為孩子最美的傳承。我內心最大的渴望與經營，是一個無法計算，也無法交換的事業。

我很喜愛Brenda Hunter在《Home by Choice》書中所說，母親要把自己想成一位科學家，「家」就是製造回憶的實驗室。

我想成為一個理解先生與孩子的妻子與母親，不只是明瞭外在的行為，也理解背後的動機與想法。每日晨間的讀經禱告，我總是先為我的「心」禱告，求這一天打開我的眼睛與耳朵，能看見與聽見真正的聲音，明白事物背後的義理，不為世界的潮流與聲音所誘惑。

我不斷修正自己生命中的優先次序，日復一日，明白了「心」最在乎的是關係。

有句名言說：「如果還有比孤家寡人更悽慘的人，那就是一個已婚卻感到寂寞的人！」前半生也許讓你走了別人認為你應當走的路，卻又用著後半生來確定自己應當走的路；依靠著非自己的聲音、非自己的頭腦來替自己的一生做決定。

美國詩人Robert Frost在《推銷員之死》中這樣形容：「家，是一個你只好去的地方，也是他們只好接受你的地方。」如果「家」對你而言不是一個值得享有的禮物，就會成為一個必須忍受的負擔！

米家教養

121 每一個相遇都是老師，哪怕是心碎與拒絕，都能得到智慧

有些愛，包含了心碎與拒絕，然而藉著它，卻也得到智慧。

世界上有許多因著交集而匯成的情感，是你的父母、你的伴侶、你的孩子、你的家人、你的友誼……每一種情感都是鏡子，每一個相遇都是老師。我的功課，不是讓心靈與我作對，而是學會讓心靈與我作伴。

情感是一所學校，我們來這裡學習，學會奉獻的愛心與真理。與恐懼對談，用愛餵養勇氣，這是我對家人與對自己的陪伴。

愛情之所以偉大，不是擁有多愛我的人，而是你決定無條件的愛。告訴你身旁的伴侶，為他做什麼可以使你覺得被愛。

婚姻的幸福與美滿，關鍵不是在於性格的差異度，而是在於彼此懂不懂得化解彼此的差異。當彼此願意放下將對方改變成如自己期待的樣式，調整自己。

人生中，記憶最深的是這一些點點滴滴的不完美，凝聚成我們心中的完美。

——最美的愛，是和家人經歷的四季

前些時候，米爸因為北美館的個展攝影器材的需求，我們一起前往相機商圈，逛買相機與添購設備。這裡見證著傳統攝影到數位攝影的技術發展與歷史的變化，也見證著我們從年輕歲月到出國深造、成家立業、養兒育女的生活記錄。

老闆始終記得米爸從紐約打電話回台灣詢問攝影器材用品的比價，也成了老闆與顧客的趣味交談。與老闆問候聊天之餘，我腦海裡開始浮現與米爸在紐約曼哈頓暗房沖洗工作室，與相機館有著輸送帶的小山羊捲毛工作人員的影像。

最美的愛，是和家人經歷的四季。這裡的故事從我們年輕歲月開始寫起，也會藉著孩子一直寫下去。

愛與親密的第一課——空間醞釀的芬芳

讓孩子一回家就看到明亮的光線、整齊的閱讀空間，還有好吃的水果與點心，孩子就不會滿腦子想往外跑，讓他們覺得回家是享受與極大的安全感。

米家教養

122

營造與孩子的音樂時光

當孩子放學，我會在家中準備幾首輕鬆的音樂。

清晨，我喜愛挑選莫札特與巴哈的音樂，孩子黃昏放學時，我則是喜愛舒曼的作品，不僅是因為曲風，而是舒曼本身有極高的文學造詣，除了藝術歌曲之外，音樂也常常流露出結合文學與音樂的巧思。

音樂加上一壺花茶，有治癒浮躁情緒的療效。孩子特別喜愛洋甘菊的清香，在閱讀時搭配音樂，再加上洋甘菊花茶，讓他們心情非常的放鬆，沉悶都消散得無蹤影。

——為孩子彈奏樂曲

有時放音樂的中間，在孩子休息時，我會彈奏一些輕鬆的小品。孩子問我小時候對練鋼琴最為深刻的曲目，我回想了一下，應該是舒曼的〈兒時情景〉，它是我第一次演奏會上台所彈奏的曲目。

回想起來，仍有當初上台怕彈錯音的緊張，不過掌聲對當時孩童階段的我沒有吸引力，最大的鼓勵是下台後老師發送禮物的渴望。

〈兒時情景〉是舒曼在二十八歲時寫的鋼琴小曲集。十三首小曲描述孩子們無憂無慮的玩耍，圍在火爐旁聽著大人說故事，或是在大廳中奔跑嬉戲。

〈兒時情景〉其實說的是成人的我們追憶著自己的孩提時光。舒曼寫下這部作品時，寫信給愛妻克拉拉（Clara）：

我像長了翅膀一樣，寫下三十首可愛的小曲，選了十三曲，附上〈兒時情景〉為題。沒有別的作品像這些音樂般，真正從我心裡流瀉出來。

每一小曲的曲題都是事後追加的，這是為了彈奏或了解的方便做的。我深信你一定會喜愛這些曲子。

逸與昕特別鍾愛這十三首小曲中的第七首〈夢幻曲〉，先前在孩子喜愛的電影《我的小小鋼琴家》中，也使用了這首曲子作為電影故事中的支撐。這首長度僅僅兩分半鐘的小曲，因許多人的喜愛而改編為小提琴或管弦樂的版本。

〈夢幻曲〉的意境，在聆聽時帶來了寧靜安詳的幽靜。

這首曲子帶給我許多想像，給予我一種寧靜時光的氛圍。在不知不覺中，讓情緒調節的機制回到平衡，讓浮躁的情緒轉化為寧靜、喜悅與力量。

孩子放學回家，興奮地吃吃竊笑著。回家後，蜷在椅子上，懷裡端著我沖泡的花茶，加上些許的暖暖蜂蜜，熱氣氤氳浮到空中便飄散了。

他們拿起了書，沉浸在閱讀中。看著他們享受讀著小說的模樣，宛如樹上冒出嫩綠的枝芽，令人驚喜！

我，好愛孩子專注的表情。

米家教養

123 家是第一道防線。家的空調與光線、乾淨與整潔都影響著孩子

我想著不久前有一則關於青少年議題的訪談，訪談者是我的學生，回想與她第一次見面，正是逸的年紀。

訪談中，有一個問題是：「你覺得台灣青少年的壓力來自哪裡？你覺得什麼事會讓他們快樂？」

其實，這個題目的回答範圍很大。不過，關於如何讓孩子快樂的部分，要感謝米爸的智慧。

米爸說，家是第一道防線，不是最後一道，所以家庭的經營非常重要。一個閃失，會讓過去累積數年的努力因著一時的疏忽而「掉漆」。

房屋的室內設計最重要的是空調與光線，空間的空調也醞釀了氛圍。每日保持書桌的乾淨、家務的整潔是家庭經營的首要方向。因為整潔的空間會帶來孩子內心對整潔與次序的渴望。

台北的房價高漲，不如我們在南部鄉居時的寬大空間。米爸說，無論城市中居住的環境品質如何，即便居住空間再小，也要讓家中有一塊乾乾淨淨的地方。

乾淨的空間就像是孩子內心的道德角落。這個空間是孩子內心的一塊淨土，間接影響著孩子內心對品格的要求與觀感。

透過這一處的乾淨空間，無形間內化了孩子的認知：「無論如何，總有一處光明而通風的地方可以讓自己喘息。」

因此，讓孩子一回家就看到明亮的光線、整齊的閱讀空間，還有好吃的水果與點心，孩子就不會滿腦子想往外跑，讓他們覺得回家是享受與極大的安全感。

——留住孩子的心的關鍵

享受美好事物的關鍵，在於個人心境與態度的調整轉變。也許「家」無法以具體的文字解釋它的意義，因為它是每一個人心裡對人、對環境、對文化一種安定溫暖的歸屬感受。

環境常常是顯現內心的狀態。混亂的內心帶來混亂的空間，也呈現自己對許多事物的尺度，我的書桌總能清楚的呈現自己的內心狀態。當我把書桌整理得乾乾淨淨時，腦袋裡的順序也歸位了。

幸福的記憶，來自家庭的經驗，也來自無法捉摸的味道。每種味道喚起獨一無二的故事。一縷縷的味道擁抱家人，愛與顏色填滿每個視覺角落，連空氣也變得可人。

充沛的陽光隨同家居生活的每一天，光線與空氣健康的循環對流。讓家有「愛」的感覺與光明通暢的氛圍，這是我們將孩子的心留在家裡，讓他們將學校壓力留在門外的祕密武器。

米家教養 124

父母無論多忙，請在傍晚放下手邊事物，對孩子說歡迎回家

傍晚孩子放學回家前，我總得提醒自己，不可以惦記著白天翻過的《四季隨筆》，放置在衛浴間裡的《古屋苔痕》，或隨手可得的《湖濱散記》，對了，還有丟在床頭的雪萊與普希金。想創作的飽滿汁液，偷偷在牆角滲透，我可要趕忙著擦拭，且將它按捺回去。因為要等待孩子睡覺後，我那顆自由的心，才能在安靜的夜晚，來去如風。

生活總是晴了又雨，雨了又晴，當我看到家人返家的那一刻，我卸下重擔。他們在我的安慰中展顏，就像朵清新無邪綻放的花朵。我知道，這是我幸福的國度，我可以笑著說：歡迎回家（Welcome Home）。

註：關於舒曼〈兒時情景〉Scenes from Childhood Op.15的介紹：

01異國他鄉（Of Foreign Lands and People/Von Fremden Landern Und Menschen）：在搖曳般的三連音和弦上，游移不定的短促旋律，夢幻般唱著。

02一個奇妙的故事（Kuriose Geschichte）：利用裝飾音作成的輕快樂曲。

03追逐（Catch Me/Hasche-Mann）：用十六分音符的斷奏，和左右手的追逐，暗示著愉快的遊戲。

04孩子的祈求（Bittendes Kind）：曲中猶豫不決，不敢吐露似的旋律，微妙地表達出曲題中的意境。

05滿意（Gluckes genug）：短小的主題；一段接一段地浮現出來，像漣漪般旋轉反覆。

06重要的事（Wichtige Begebenheit）：用孩童討論自己的見聞或遭遇的情景，由低音部沉重的旋律表達出來。

07夢幻曲（The Dreams/Traumerei）：將單純的抒情旋律，以複音音樂的手法強調出夢幻的性格。

08爐邊（Am Kamin）：在端莊的切分音節奏上，溫暖而流利的旋律靜靜地反覆著與孩童的閒話家常。

09木馬騎士（Ritter vom Steckenpferd）：曲中交錯著三拍子、強有力的切分音節奏、和低音部穩重的小騎士旋律。

10一本正經（Fast zu ernst）：使用渾重的升G小調，巧妙地描寫出孩童一本正經、懷著嚴肅感情的樣子。

11驚嚇（Furchtenmachen）：曲中接連交替著兩個和緩與快速的旋律，藉以產生陰森可怕的氣氛。

12孩子睡了（Child Falling Asleep/Kind im Einschlummern）：一聲一聲溫柔的節奏搖盪，將孩童帶入夢鄉。

13詩人說話了（Der Dichter Spricht）：這是一首寧靜的終曲，在漸弱而持續的沉默中逐漸消失。

正確的鼓勵，讓孩子更勇於自我挑戰

在教學過程中，我發現不少學生會抱怨拿了成績單回家後，父母這樣說：「你這次考九十五分，很棒啊……下次再努力！」

這些父母誤以為是建設性的肯定，其實反而讓孩子有著：「我做得不夠好，爸媽所謂的稱讚與不錯，其實不是真正的肯定，他們內心其實認為的優秀是滿分……」

台北捷運忠孝復興站總是車水馬龍，有人忙著轉乘與接駁，有人急急忙忙趕著上學放學、上班下班，也有許多購物人潮。熱鬧的台北捷運忠孝復興站，出現了很可愛而逗趣的畫面，逸與昕不斷穿梭其中，我們拍下許多即興的照片。

「給你一個ㄗㄢˋ」是專為忠孝復興站量身打造的藝術展覽專案，提供來來往往的人們美感的訊息。希望打開人際之間的防火牆，以一張一張親切的笑臉，創造每日都讚的微笑都市形象。閱讀這些集結的作品，有種快樂基調。

——比起讚美孩子，我們更習慣要求、責備孩子？

在資訊發達、溝通便捷的網路時代，臉書成為人際交流和訊息交換的超級平台與生活工具。「讚」是臉書世界最當下流行的口頭禪，被廣泛應用於朋友們在網路上的發言。在臉書虛擬的世界裡，可以連鎖反應地與人分享生活，同時閱讀網友張貼的心情臉譜。但在按下「讚」的同時，讓我不禁想到在現代家庭生活中，是不是常常「責備」得很具體，卻「讚美」得很抽象？

愛是一個抽象的觀念，家人對於愛無法像看到一個玩具或一本書的實質物體。我回想著嬰幼期的孩子，對他們說話總是輕聲細語，而透過身體的接觸與臉上的表情，親切地對孩子說著：「寶貝，我愛你。」嬰孩便是透過音調與語氣柔和度，加上關愛的氣氛，感受我們所傳達的溫暖和愛。

——在母親眼裡，孩子永遠最美麗

逸與我分享了一則從週報上看來的故事〈最美麗的孩子〉。森林裡，有一隻隱藏在樹叢中的母鳥，看見獵人持槍而來大吃一驚，牠連忙呼叫：「獵人！我曾經被人豢養過，求你念在母親愛護兒女的心，不要殺害我的孩子。」獵人聽了，感動的說：「嗯……但是我不認識你的孩子啊！」

「我的孩子是世上最美麗的鳥——他的羽毛最漂亮、歌聲最悅耳，你一看就會知道的。」獵人點頭承諾道：「好，我答應你，不殺害你的孩子。」

他繼續往前走，突然間，一隻羽翼光彩奪目的鳥出現在眼前，正要舉槍時，驀然想起對母鳥的承諾：「這隻鳥如此美麗，想必是牠的孩子！」為了遵守諾言，獵人只好放棄獵物。走了一段路，又見樹枝上有隻輕盈的小鳥正唱著婉轉樂音，獵人心想：「這隻鳥的聲音如此好聽，說不定也是那隻鳥的孩子，看來今天只好空手而回了。」

正當獵人轉身要走，突然看見一隻全身烏黑、發出啞啞叫聲的烏鴉，獵人馬上舉起槍來瞄準。就在千鈞一髮之際，母鳥飛身擋在槍口說：「你不是答應我，不殺我的孩子嗎？你怎麼可以言而無信？」

獵人放下槍，看著烏鴉媽媽對孩子心疼又慈愛的眼神，不禁感嘆，在母親的眼裡，孩子永遠都是最美麗的。

米家教養

125 對孩子的吼叫與嘮叨，父母總以為是表達關心，但其實適得其反

讚美，是清新的馨香之氣，帶來難以抵擋的感染力。人們喜愛接受讚美的理由，是因著每個人都在自己的心裡投射了一個美好的形象，希望自己就如對方所讚美般的美好。

在理想的溝通中，讚美和喜愛應該交織在父母給孩子的訊息中。言語是情感的催化劑，選擇說什麼樣的話語，會經營出什麼樣的氛圍。孩子若從肯定的話中感受到最大的愛，他的內心也會因著肯定而終身受益。

但是「怒氣」卻常常化身為父母與孩子之間最大的敵人。當怒氣傾倒在孩子的身上時，吼叫與嘮叨就像播放負面的新聞，而父母卻常誤以為這是表達關心。

「愛裡沒有懼怕；愛既完全，就把懼怕除去，因為懼怕裡含著刑罰，懼怕的人在愛裡未得完全。」透過與孩子溝通的過程，我必須不斷地修正自己語言與思考的態度。

——因為網路，與孩子爭執

曾經，為著與孩子溝通電腦使用的時間而大發雷霆，當時若不是米爸及時給予建議，我對孩子的提醒與善意恐怕會被曲解。

孩子因為許多同學開始使用臉書、智慧型手機而也想嘗試。但因著自己對網路世界的觀察，在網路的語彙中，常常因為短促而沒有完整解釋語意，而帶來誤會，並且容易產生情緒性的言詞，所以網路的快速，帶來益處，也帶來難處，這部分需要成熟的心智才能應對與判斷。對於已成年的我都必須要刻意地劃下界線，更何況是心智年齡正在發育中的孩子？

但孩子對於我的善意，他們認為是一種限制。他們並不知道網路世界中的危險，就像是個包裹糖衣的誘惑，正等著吞噬孩子的時間與思維，甚至與人溝通的態度。

雖然孩子明白我的擔心，但有時，我仍不經意聽到孩子抱怨，他們抱怨為何其他同學擁有任意上網的時間，於是，從網路所延伸出的「他律」與「自律」問題，成為我們在寒暑假的大課題。

有時生活就是這樣，你努力了十件事，當中九件事非常美好，卻在一件事情上不如意，而當這件不如意的事情發生時，你會不經意地放大這件事的缺點，不停地對它抱怨。

「親近誰，就像誰」是我的想法，當群組聊天增進彼此同儕的情誼，但也帶來人與人之間，語言上的摩擦或者得失心。口語文化對孩子的影響是正向，或是負向常在一念之間，也正因為我對網路文化的擔心，所以無形中也給孩子帶來了壓力。

米家教養 126 處理孩子問題，教孩子從不同觀點看待問題

在與孩子的溝通過程中，我難免動了脾氣，讓孩子有著不舒服的感受。米爸適時地給了我很大的支持與安慰，他對我說：「你的想法與警覺是對的，但是表達的方法，卻不是那麼適合孩子，這樣你的一片善意，卻反而磨損原來美好的親子關係……當孩子抱怨為什麼不能跟其他同學一樣，時刻都能上網時，我們可以教導他們從不同的觀點來看待問題，當然，我們也得教導他們，我們的家庭教養也和其他同學不一樣。」

米家教養 127 處理孩子問題，將注意力集中在問題上，而不是孩子身上

將注意力集中在「問題」上，而不是「孩子」身上。當問題集中在對象上，我們

容易變得生氣，忍不住開始責備，但集中在問題上，才能帶來真正的改變。

不要否定我們真實的情緒。管教不會打擊孩子的性格，因為我們是將重點放在錯誤的行為，而不是孩子的價值。若我們想要幫助孩子學會管理自己的情緒，那麼我們也需要為自己的言行負起責任。

米家教養 128

明確訂下孩子能使用網路的時間，並確切執行

網路的使用限制，是我與米爸共同商量後的決定。孩子們在寒暑假時，可以在特定的時間與米媽共用臉書的帳號（後來孩子自動取消使用了），以方便與同學保持聯繫。孩子們也同意這樣的使用方式。我們學習體諒彼此的立場，而帶來兼顧彼此情感與需要的方法。

——「怎麼說」是一門重要的功課

曾聽聞一則關於馬克・吐溫參加一個慈善募款大會的故事。上台的主講人長篇大論，不是呼籲，就是口號，本來想捐錢的馬克・吐溫，因為這些嚴正的言論使得心情不愉快，他愈來愈不想捐款，最後不但一毛錢都沒捐，還從裡面偷了一塊美金。

無論這故事是否為馬克・吐溫所杜撰，但是他的用意在於強調溝通的技巧與必要性。如果做事情用心良苦，卻不懂得溝通，讓人一聽了就反感，即使是原本用意極好的一件事，最後也會讓人卻步。「怎麼說」是一門重要的功課，尤其在我當媽媽後，感觸更深！

所有的事情都不是意外的，而是讓我們有新的觀念，使我們成熟，結出好的果子。它不是依靠機運，就像孩子不是隨心所欲的成長，而是藉由進入生活中的挫折而成熟。肯定每一個經驗對我們都有好處。

米家教養

129 滿足孩子對情緒上真正的需要，但是拒絕被不實在的要求所控制

有時孩子會透過不斷地喊著：「媽媽，我需要你。」以獲取注意力。如果我走不開，這時我會對孩子說明自己正在忙碌中。向孩子保證對他的愛，滿足孩子對情緒上真正的需要，但是拒絕被不實在的要求所控制。

對孩子吵鬧下的要求不是不聞不問，也不是因為孩子喊叫，媽媽就要放下所有的事情，這是教導孩子對愛的一種正確看法。

首先，父母要先了解自己的挫折感，父母是否感到自己的失敗比孩子失敗更為

難過？若是，父母需要清除這些情緒。不要為了解決自己內心的挫折感，而犧牲了孩子的心理健康。充滿自信心是情緒成熟的表現，是由於我們對自己能力有好的評價，而衍生出內心的平安。

為什麼孩子已經考九十五分，卻還是覺得不受父母肯定？

在教學過程中，我發現不少學生會抱怨拿了成績單回家後，父母這樣說：「你這次考九十五分，很棒啊……下次再努力！」這些父母誤以為是建設性的肯定，其實反而讓孩子有著：「我做得不夠好，爸媽所謂的稱讚與不錯，其實不是真正的肯定，他們內心其實認為的優秀是滿分……」

價值，意味著標準？如果做不好，是否就得不到父母的愛？孩子為了滿足父母的期待，他們會讓自己成為無可指責，沒有負面情緒的模範兒童，這樣的孩子需要獲得完美的感覺，才覺得自己有價值感。當孩子沒有經驗到正面的情感時，會尋求替代品。他們想要成為注意力的中心，來隱藏寂寞的感受。

有些人受到原生家庭的影響，童年的辱罵或專制威權在他們生命中留下了記號。在強大的高壓專制下，努力地壓抑自己生活著。這些往事中的死角需要清除，需要讓自己取得平靜與和緩的心境，並面對真實的自己。

——你與孩子的溝通，是否充滿不平等？你是否總要孩子聽你的話？

曾在「玩美生活，戲劇與生活」的親職演講中，我邀請一對父子上台做一個家庭劇場的演出示範。我請孩子站在椅子上，父親則是站立著。原本比父親少了將近五十公分的距離，在這個時候對調了。我請這位父親仰著頭，傾聽孩子大聲說話。由於站著的人必須仰頭，不到三十秒，這位仰頭的父親馬上覺察了脖子與肩膀的痠痛，並且感受到壓力與緊張。

我們的眼睛，常被過去的經驗所遮蓋，因此限制了對人的視野，也失去改變的機會。透過這個演出，我想表達的是，多數的孩子與家長的溝通是這樣的高度，孩子覺得比父母矮小，甚至終其一生都覺得自己的渺小，甚至對父母有許多負面的想法。在家庭產生的習慣，影響個人與外界的互動，也形成他的生命藍圖。

兩廳院與國藝會共同合作的表演藝術專案「新人新視野」中有一場演出「我沒有說」，當中一個手持麥克風的場景，讓我不禁聯想著，自己是否就像是拿著麥克風的母親，強調了主從與順從。

說者與聽者之間的「互動」地位並不平等，而成為單方面的「表述」或「命令」。如果講電話是一個典型的互動，發話的一方有發言權，聽話的一方要適時反應，這樣的「對話」才能顯得有互動與即時性。「我沒有說」作品適時地提醒著我，「對話」的流暢，來自於關懷與平等的對話。

——孩子最需要一處「可以哭泣」的地方，與一雙安慰的雙手

當我透過故事與音樂，希望能間接的讓孩子與他們的同儕朋友一起成長，特別是青少年族群，他們需要被關心與重視，無論他們表現得有多麼不被期望。需要有人對他們有信心，更重要的是，不帶批評的傾聽他們的內心，讓他們可以更了解自己。

孩子們曾與我分享，他們內心最需要的是，一處「可以哭泣」的地方，與一雙安慰的雙手，也需要一個人可以明確的告訴他們「不可以」，但不是說教與責備，並且不要再翻舊帳，將過去做的傻事或錯誤的事又提出，因為他們的內心已經充滿內疚了。特別是青春期的孩子正努力地尋求自主與自我認同，他們要經歷許多的挑戰與荷爾蒙的困擾，因此，父母更需要用心地傾聽。

米家教養

130 讚美孩子，必須是真實且恰當的語言

當然，隨意的讚美也是危險。當我讚美與關心孩子時，總會提醒自己給予真實且恰當的語言。否則，孩子或許會誤解為諂媚。拙於表達感情，甚至在讚美時也缺

乏誠意，他們聽起來就如同應付性的謊言。

承認錯誤對父母而言，是一件很難的事。因為父母希望贏得孩子的尊敬。但父母願意承認自己的缺失，反而可以建立一種長久的相互尊重。

對孩子而言，許多的生活經驗都是新的。「鼓勵」是一種勇氣的灌輸。我們給孩子勇氣，並激勵他們嘗試更多的挑戰。

兒子考量團隊最大利益的表現，令人讚賞

昕的第一場足球賽，正是我前往台北教師協會舉行講座的日期，只好請米爸全程陪同。當我演講結束，米爸打了電話告訴我戰況。昕在球賽中展現的精神，讓他引以為榮。這三場球賽展現的不是得分獲勝與否，而是孩子在球賽中的不放棄與團隊精神，這為我們帶來極大的鼓勵。

「昕，爸比注意到今天的比賽時，其中一場因為守門員的防守有缺失，你主動跟教練表達願意成為守門員。團隊中的攻擊手有踢球得分的機會，然而為了團體，你願意捨棄個人表現，而以團隊利益為最大的考量，爸比非常以你為榮。」當天晚上，米爸在家庭的分享時間中，及時地給予昕最大的肯定。

昕告訴我，當他收到鼓勵的話語時，全身會有一種輕鬆，並且流入一股暖流的

感受。給予孩子從家人眼光中看見自己的優點，透過這些鼓勵的話語，他明白我們對他的喜歡，使得他對自己有著正面的肯定。

米家教養 131

換個說法，以「我覺得……」取代「你就是……」

希臘字「教化」（edify）出自「家」（oikos）與「建立」（dimeo）。建立家人彼此自信，會一起得到益處。

溫柔的舌頭，是適切的表達，需要學習用話語表達內心真正的感受與需要。從這件事上，我開始學習使用能正確抓住情緒感受的字眼表達。

從「你一定是生氣了。」成為「你是否生氣了？」從「你這個人真沒耐性。」成為「你的反應讓我覺得不舒服，能不能讓我們一起冷靜一下？」從「把衣服穿上，外面很冷。」成為「外面的溫度降低了，你多帶一件衣服。」

米家教養 132

不要只對孩子下命令，要把自己的情緒與希望，表達給孩子知道

記得剛上小學後的孩子，常常亂丟襪子，每天一放學，我都得收拾自己的耐

性，而「你們都亂丟襪子。」也常常掛在我嘴巴上。這種景況日復一日，似乎我嘴巴說破也沒有效。

有一次，看到中醫講到藥性，提到有些藥材是「以毒攻毒」來治療病症。這句話給我一個好大的提醒，難道我一直要用「以毒攻毒」的語言方式來提醒孩子嗎？孩子們可不是病人啊？「你應該……」不知不覺成為我無形中的習慣語言，我開始改善自己的語言表達方式。

隔天，孩子放學回家後，我對著亂丟襪子的孩子說：「當你們把襪子隨處亂丟的時候，我覺得不舒服。因為媽咪努力整理家務一整天，希望讓你們回到家，看到的都是乾乾淨淨的環境，但是因為你們亂丟的襪子，讓媽咪覺得辛苦一天都白費了……」

孩子的臉上露出歉意。其實，他們隨手將襪子亂丟，並沒有想到這樣的習慣會讓母親感到挫折。不過，我也需要改變自己，常常只說了命令，卻沒有好好把自己完整的話語表達清楚。

在養育孩子的過程中，我理解父母需要的不是原則清單，而是將待人處事的智慧，透過善意的溝通與處理，傳遞給孩子。

133 與孩子溝通的好方法——父母從「當……我覺得」開始練習

「當……我覺得」是一個很好的語言練習。當我將這樣的感受表達清楚後，孩子透過母親正確地傳達真實的感受，反而還會乖乖地將襪子收納在應當清洗的地方。

許多太太會埋怨先生與孩子在電腦前的時間太久，「你不要在電腦前一直上網，八成是上癮了。」其實這句話背後真正想傳達的是「當你待在電腦前，我覺得被你冷落了……我希望能有多一些時間聊天。」

學習更完整的表達內心真正的感受是一種必須。使用「我覺得……」加上形容的字彙取代「你就是……」。這樣的表達方式，能讓傾聽者對你的想法與感受有更深一層的理解，進而解決問題。

——兒子的妙喻

收到一份邀請，是HERMES為了慶祝今年「當代工匠，始於一八三七年」的年度主題，為揭開愛馬仕奢華的神祕面紗所開拍的愛馬仕的工匠故事《匠・心 Hearts and Crafts》紀錄片的放映。

看完HERMES紀錄片，在回家的路上，逸好奇地問著：「媽咪，什麼是理智？」

「就是理性和智商的綜合體啊……」我隨口回答著。

「如果情緒很衝動，理智要怎麼產生？」逸繼續追問。

「你需要很多的生活經驗，這些經驗會懂得用客觀的立場告訴你，當你不是那麼主觀，可以用別人的立場想一想，就會理智一些了！但是，這是很難，也需要一直學習的功課……」

「萬一客觀跟我身體裡的主觀合不起來怎麼辦？」逸繼續提出她的疑問。

我正傷腦筋該怎麼解釋時，弟弟突然插嘴：「那就像吃牛肉麵，吃到很硬的牛肉嚼不動，無法進到身體裡面變成養分時，媽咪你會吐掉，還是吞下去啊……」昕提出疑問，並且露出非常得意且詭異的笑容。

「那就把牛肉打包，帶回家再煮得久一些，煮久總會爛……只是換個地方吃而已，牛肉還是得嚥下去啦……」這是我的腦筋急轉彎。

開什麼玩笑，我怎麼可以因為這樣失去理智呢？不過孩子的反應，讓我也想給他們一個「讚」呢！

培養貼心的孩子——

幸運草

自昕在一歲多時氣喘發作，我曾覺得生活的世界降下一道牆。這道牆很高，我在牆裡的那一邊火裡燒，別人在牆的另一邊卻看不到。我與這個世界溝通的話語與淚水，別人無法明瞭。

你，是我身體的一部分，從宛如繁星中的小點點，在身體裡慢慢孕育。
我，感受著這份來自天堂的祝福與美好。
因為愛，眷戀孕育的美好而有了接續的你。
因為愛，不希望姊姊孤單長大的你。

因為愛，八個多月的時間，在我的身體裡，重新溫習了身體稍有不適的艱辛。
擁有心愛的妳與你，我願意捨下我的渴望。
曾在情緒瀕臨失控的邊緣，捨不下對你與妳的陪伴。
做自己，與成為一個角色，是完全不同的感受。
我，不是失去自由，而是多了依戀與不捨！

——〈因為愛你〉米媽記錄昕的誕生，寫於多年前的手札

看著多年前的手札，文字讓這些字句的意義超越了它們被賦予的意義。望著當時纖弱的昕睡在保溫箱中，一滴滴淚水與努力擠出的乳汁，是我與他唯一的牽繫。當時的我想著，只要孩子可以健康，一切都可以放棄。對孩子的愛只剩下唯一的心願。看著混著淚水與模糊的文字，成了難嚥下的日記。

——來自身為母親的自責

夜晚，我在昕的床邊，為折騰一整晚而禱告時，我聽到一個聲音溫柔對我說著。

「你不愛他嗎？」

「我愛他啊？為了愛他，我願意用我的生命代替他承擔這些苦痛……」我強烈

的說著。我的心意不容許被誤解。

「但是，你用你的眼光愛他，所以你很受挫折，不是嗎？你用世界的標準看待他，你認為生著病的他是我的失誤？你自責給了他不夠健康的身體，不是嗎？」

我點著頭，心疼孩子一切不舒服的症狀的我，深怕著那一口氣喘不過來。我真是覺得束手無策。

「孩子，你這樣愛他，我是創造你們的造物主，我豈不比你更愛他？……孩子，用我的眼光看他、愛他，還有，真正的接納他，也接納你自己。」

——女兒的貼心話語

逸在校園裡非常辛苦地找到了幸運草（四葉的酢漿草），送給最近生病的昕、疲於醫院與學校奔波的我，以及辛苦工作的爸爸。

「媽咪，四葉的幸運草雖然是突變，但是它躲在許多三片葉子的酢漿草中，要找到它是很不容易的，但是它就是很特別，會吸引人們找它，找到它的人會得到幸運。我覺得弟弟就像幸運草，是能使願望成真的幸運草喔……」

這幾天因為家人生病而焦頭爛額的我，擁有了逸貼心的話語安慰，原來我們家擁有這麼窩心的天使。她的話語好安慰人。

睡前，我們一同在床前為昕禱告：

「親愛的昕，願你可愛的小翅膀漸漸成長為豐厚的羽翼。你眼底的色彩，不只是糅合了天空自由的藍，與草原上跳躍的綠。五顏六色的嬉遊童趣與田園之樂的記憶林地，是給予你記憶的鑰匙。最重要的事、最快樂的事、最悲傷的事，都會有我們的陪伴。因為愛你，我們真的很愛你！」

——照顧生病的孩子，請先拋開自責，並學習完全的接納

帶著昕在醫院等候掛號看病時，他畫著讓他渾身不舒服的「小調皮」。「小調皮」，是我與孩子對生病時的症狀暱稱。

自昕在一歲多時氣喘發作，我曾覺得生活的世界降下一道牆。這道牆很高，我在牆裡的那一邊火裡燒，別人在牆的另一邊卻看不到。我與這個世界溝通的話語與淚水，別人無法明瞭。

這條路走得有些辛苦，卻也讓我明白，氣喘是要一生面對的工作。

「照顧氣喘兒，要先拋開自責。」照顧氣喘的孩童，不只是給予醫療的支持，還要給予生活與心理的全面照顧，這是我當時的體會。

以健康的心態面對，才有健康的生活，所以，接納，是唯一的辦法。

等待檢查的時間好漫長，從兩點等到六點半，等醫生開的藥再加上三十分鐘，我們熬到將近七點半才回到家。

看診時，醫生誇獎我對藥物的知識與保養身體的方法懂得不少，我只能苦笑著說久病成良醫。五小時的等待後，熱血的醫師教導我一些調配用藥劑量的方法，然後我牽著昕的手，拎著一大包藥回家。

整個下午不在家，我心裡對逸很過意不去。不得已，只好讓她一個人在家照顧自己，連晚餐都由自己打理。當我跟逸說抱歉時，體貼的她直說沒關係，還可愛的說著晚餐時，她挖了豬公，拿出裡面的錢，幫自己加菜。

看診後的隔天是昕的校外教學，不讓我跟去的昕，讓從不缺席的我心裡有些牽掛與擔心。

「媽，今天你辛苦了。不好意思，害你擔心……」喘著大氣的昕在睡覺前說了這樣的話，讓我不禁紅了眼眶。其實，我一點兒都不辛苦，只是心疼孩子。

「媽，你放心啦，校外教學時我會照顧自己，也會乖乖吃藥的……你也要長大啦……」

聽完這番話，我的眼淚馬上縮回去。原來沒長大的是我？瞬間，我有種哭笑不得的感受。其實，我的心願不多，只要孩子身體健健康康就好！

隔天，昕起床後，精神奕奕，狀況很好，我笑著說：「醫生伯伯還是很棒吧！」

「媽，我對自己也很有信心啊……因為，我是游得最快的那一個！」昕充滿著自信地說著。

是啊，你就是獨一無二的那一個，是最特別的。但是，我有個大問號，「米爸，你到底跟兒子說了什麼啊？」

——孩子為疾病取了可愛暱稱

小調皮，你今天又來拜訪了，我會記得跟你握握手，跟你打招呼，因為我們是朋友。

要記得，來我家坐坐就好，不要待太久，記得要趕快回天父把拔的家喔！——逸

紅眼睛，你張著大大的紅眼睛，其實只是想嚇嚇我，我知道那是因為你長得可能有一點奇怪，害怕沒有人跟你做朋友。沒關係，我跟你握握手，跟你當朋友，其實你是很可愛的紅眼睛。

把你哭紅的眼睛與眼淚擦一擦，不要害怕被拒絕，我知道你的溫柔善良，所

以，不要對我怒氣沖沖，請對我微笑喔！要記得，天父爸比也愛你，當你露出微笑時，大家都會跟你做朋友。

——昕

——孩子有自己與疾病相處的方法

「小調皮」與「紅眼睛」其實都有點兒寂寞，當它們來拜訪時，昕總會將小調皮與紅眼睛繪下，記錄在祕密的心情小日記中。姊弟兩人總會交換他們眼裡的「小調皮」的不同，小調皮也變得不是這麼討人厭了！

有時，「小調皮」只是經過，來打個招呼；有時，「小調皮」因為寂寞所以想到家裡坐一坐。昕說，因為「小調皮」擬人化的形容，變得比較可愛了。以後昕想要幫「小調皮」畫一個繪本，讓它也有畢業紀念冊。

「紅眼睛」是昕在生病的睡覺前害怕的一對眼睛，這對眼睛總是用著被誤會的兇惡的眼神看著他。

我告訴昕，其實「紅眼睛」只是不知道該怎麼表達它的寂寞，它想友善的與人握手。不要害怕「紅眼睛」，「紅眼睛」不是恐怖的怪獸，它也是天父爸比的所愛，跟它握握手，成為朋友，然後提醒「紅眼睛」要記得回自己的家。

「小調皮」與「紅眼睛」讓我們全家知道，原來健康是這麼的幸福。

你們家也有「小調皮」與「紅眼睛」嗎？不要害怕它們，了解它們，當它們因為寂寞來拜訪你們時，給予它們一雙溫暖的手，接納它們，就不會再恐懼了。

註：幸運草是「酢漿草」，是生長在陰溼地方的一種草本植物，為掌狀複葉，由倒心臟形的三小葉組成，開黃色的小花，莖葉皆有酸味，故又有三葉酸之稱。

酢漿草是愛爾蘭的國花，而且童軍也以它作徽章。一般的酢漿草只有三片小葉，偶而會出現突變的四片小葉個體，稱為「幸運草」，傳說如果有四片小葉的幸運草就能許願，使願望成真。

許多國家確實都流傳著四葉幸運酢漿草的傳說，早期威爾斯的塞爾特人相信白色酢漿草可以對抗惡魔，因此常有人為「幸運草」代言：酢漿草的第一片代表「信仰」，第二片代表「希望」，第三片代表「愛情」，第四片代表「幸運」。

在十萬株苜蓿草中，你可能只會發現一株四葉酢漿草，因為機率大約是十萬分之　。因此是國際公認為幸運的象徵。

孩子放輕鬆的好方法

放鬆的目的是建立一種不緊張的狀態，幫助降低腎上腺素。當孩子感受壓力、緊張、生氣、焦慮或興奮過度，可以使用這個方法來平靜自己。即使在教室坐著，或搭公車時，都可以自主的放鬆。

開學後感冒大流行，孩子的鼻子與皮膚過敏也趕上流行，加上吃了太多的柚子，好久不見的氣喘，讓我在學校與醫院間疲於奔命。

孩子生病，讓我再度經歷一場自醒與自省之旅。我再次被提醒著，身體的健康是無可取代的寶貝。

看著孩子因為服用藥物，疲軟的躺在床上，我明白孩子只要可以自在的呼吸，讓我們彼此可以手牽手度過每個時刻，就是一件幸福的事！

米家教養

134

孩子運動，好處多多，父母應幫助孩子養成運動的好習慣

為了孩子在進入青春期前，能建立固定運動的習慣，所以每天黃昏，孩子總準時的到運動場報到。

讓孩子選擇喜歡的運動類型，才能維持他們運動習慣的持續性。全身性的運動，如籃球、慢跑、足球、游泳等，都是有氧運動，強度適中的全身性運動，較不會出現明顯的局部疲勞，如此，運動才可能持續得夠久。

因為消耗孩子多餘的體力與熱量，所以孩子沒有失眠的問題，並且因為體力的消耗，睡眠更深層，這是我觀察孩子保持運動習慣所帶來的好處。

除了運動場上的球類運動，我們也讓孩子溜直排輪與蛇板。過去在孩子幼幼期的例行檢查，每半年我會帶去復健門診，檢查腳型與脊椎。因為腳踏車與直排輪對於走路外八的孩子，有很好的矯正功能，而且還可以鍛鍊腿部的肌肉。

直排輪是孩子容易建立信心的運動，也讓孩子有著極好的成就感，而蛇板則是不需要滑板的基礎，只需藉由身體擺動，就能產生扭力移動。我觀察這些運動的穩

定性很好，而蛇板的速度很快，能迅速且大幅度的改變方向。昕的舅媽還說，這是帥到掉渣的運動！

在教室裡上了一整天的課，運動能幫助疲累的視力、聽力、腦力放鬆。不過，我也在陪伴孩子運動時，發覺鄉居與城市的生活很不同。

鄉居的活動空間大，從這山坡走到另一處，光走就有了相當的體力消耗。而城市的生活很不同，運動需要刻意，也需要場地。住在城市的孩子體能活動多數仰賴課程，但運動冠上了課程，孩子對於運動的想法與自在玩耍，總有著一些不同。

運動可以學習到平衡，運用身體各個部位的協調與肌肉的肌力支撐，透過伸展身體，體會到肌肉、骨骼、呼吸。從運動中，可以重新認識身體每個部分與自己的關係。

一般流汗的味道是鹹的，但是運動流的汗卻是苦的。所以，運動讓身體有排毒的效果！

看著像風般的孩子，享受著運動。他們的笑容，是我最大的安慰。

運動後，在晚上睡覺前，我總愛幫孩子做一些放鬆的按摩，除了幫助孩子進入夢鄉外，按摩時藉由身體的接觸，也可以聽聽孩子訴說對身體的感受，或是彼此分享內心話。

按摩不僅帶來身體的舒適，也為親子之間的互動帶來心靈的滋養。按摩時可以無所不談。短短的十至二十分鐘，是我們彼此最喜愛的親密感。

從孩子的肩膀，我們可以談壓力的承擔與釋放。
從孩子的雙手，我們可以談課業的學習與操作。
從孩子的脊椎，我們可以談生長的體重與身量。
從孩子的頸腰，我們可以談身體的扭動與方向。
從孩子的大腿，我們可以談肌肉的集中與支撐。
從孩子的小腿，我們可以談線條與腳踝的扭轉。
從孩子的關節，我們可以談人際的關係與連結。
從孩子的腳掌，我們可以談責任與彼此的親近。

休息，是修復，但並非什麼事都不做。短時間的放鬆或睡眠，可以幫助消除疲勞。疲倦，常常是憂慮的來源。倦怠感會降低身體的免疫力，也會帶來恐懼或擔心的情緒。若能避免疲勞，也能避免煩惱。

身體的倦怠感主要是來自心理與情緒的態度，因為身體的勞動或腦力所帶來的疲倦反而不是主因。

我發現過去當我要準備一場表演活動時，即便自己都準備好了，卻容易讓自己深陷假設性的問題中。緊張過度或焦慮其實是一種習慣，而且是一種壞習慣。當情緒帶來了生理上的緊張、焦慮、困擾，也會帶來肌肉的僵硬。

──如何幫助孩子，讓放鬆成為一種習慣？

孩子除了處理情緒，學習放鬆也很重要。眼睛是靈魂之窗，放鬆眼部的肌肉就可以消除精神緊張。

美國芝加哥大學Dr. Edmund Jacobson認為，眼睛之所以對消除疲勞如此重要，是因為它們消耗全身四分之一的精力。

我常藉由表演藝術中的肢體教學，教導孩子如何放鬆。在放鬆的活動進行時，由眼部與面部肌肉開始，如同一塊軟質的布一般的柔軟。想著自己不累，而不是好累，以免讓自己更加緊張。

1.找一個平靜安穩的地方，讓孩子可以規律的放鬆。臥室是最理想的地方。

2.預備一張床或椅子，最好先使用床鋪。

用枕頭讓孩子全身每一個部分都支撐著，以免某部分的肌肉因為懸空而緊繃。當全身都被支撐住，身體就可以完全放鬆。

3.要盡可能靜止不動一段時間，先讓孩子抓一抓身上所有感覺癢的地方。一旦開始練習，就不能亂動了。

剛開始先設定五分鐘（視忍耐度而定），然後每週慢慢增加，直到每次放鬆都可達二十至三十分鐘為止。

4.先以「漸進式的緊繃」開始放鬆練習。這個練習是讓肌肉緊繃到有些疲倦、再放鬆。

你可以這樣指導孩子：

先想像自己是一條鬆軟軟的毛巾，非常非常的柔軟。

從兩隻腳開始，用力讓腳的肌肉緊繃，不要動，數1、2、3、4、5、放鬆腳，讓它們休息。再來，接續使用力氣緊繃小腿肌肉（向孩子指出正確部位）不動，數到5之後放鬆。

5.接著放鬆膝蓋、大腿、臀部、肚子、胸部、雙手、雙臂、脖子，最後是臉部肌肉。

6.做一個鬼臉，要孩子保持放鬆的狀態不動。

讓孩子想像正躺在一朵雲上飄浮著，覺得手腳都浮起來，好像飄走了。

這時候，如果你想離開，可以留孩子在原地點，直到原定時間到 。如果孩子睡著了，就讓孩子補眠一下。

對小孩而言，放鬆是很困難的，因為孩子的體力旺盛，本來就容易坐立難安。一開始先練五分鐘就好，之後再慢慢延長。

放鬆的目的是建立一種不緊張的狀態，幫助降低腎上腺素。當孩子感受壓力、緊張、生氣、焦慮或興奮過度，可以使用這個方法來平靜自己。即使在教室坐著，或搭公車時，都可以自主的放鬆。

有趣的是，孩子在做放鬆活動後，常常帶著甜甜的放鬆表情直接進入夢鄉！

國家圖書館預行編目資料

牧羊人教養：教授爸爸音樂媽媽／米媽著. --
初版. --臺北市：寶瓶文化, 2013. 02
面； 公分. -- (catcher ; 53)
ISBN 978-986-5896-18-8 (平裝)

1. 親職教育 2. 親子關係 3. 子女教育

528.2 102001407

catcher 053

牧羊人教養——教授爸爸音樂媽媽

作者／米媽
主編／張純玲

發行人／張寶琴
社長兼總編輯／朱亞君
主編／張純玲・簡伊玲
編輯／禹鐘月・賴逸娟
美術主編／林慧雯
校對／張純玲・陳佩伶・劉素芬・米媽
企劃副理／蘇靜玲
業務經理／盧金城
財務主任／歐素琪　業務助理／林裕翔
出版者／寶瓶文化事業有限公司
地址／台北市110信義區基隆路一段180號8樓
電話／(02)27494988　傳真／(02)27495072
郵政劃撥／19446403　寶瓶文化事業有限公司
印刷廠／世和印製企業有限公司
總經銷／大和書報圖書股份有限公司　電話／(02)89902588
地址／新北市五股工業區五工五路2號　傳真／(02)22997900
E-mail／aquarius@udngroup.com

法律顧問／理律法律事務所陳長文律師、蔣大中律師
如有破損或裝訂錯誤，請寄回本公司更換
著作完成日期／二〇一二年十月
初版一刷日期／二〇一三年二月
初版三刷日期／二〇一三年二月二十六日
ISBN／978-986-5896-18-8
定價／三〇〇元

AQUARIUS 寶瓶 文化事業

愛書人卡

感謝您熱心的為我們填寫，
對您的意見，我們會認真的加以參考，
希望寶瓶文化推出的每一本書，都能得到您的肯定與永遠的支持。

系列：catcher 53　**書名：牧羊人教養——教授爸爸音樂媽媽**

1. 姓名：＿＿＿＿＿＿＿＿＿　性別：□男　□女
2. 生日：＿＿＿年＿＿＿月＿＿＿日
3. 教育程度：□大學以上　□大學　□專科　□高中、高職　□高中職以下
4. 職業：＿＿＿＿＿＿＿＿
5. 聯絡地址：＿＿＿＿＿＿＿＿＿＿＿＿＿＿＿＿＿＿＿＿＿＿＿＿＿＿

   聯絡電話：＿＿＿＿＿＿＿＿＿　手機：＿＿＿＿＿＿＿＿＿
6. E-mail信箱：＿＿＿＿＿＿＿＿＿＿＿＿＿＿＿＿＿＿＿

   □同意　□不同意　免費獲得寶瓶文化叢書訊息
7. 購買日期：＿＿ 年 ＿＿ 月 ＿＿日
8. 您得知本書的管道：□報紙／雜誌　□電視／電台　□親友介紹　□逛書店　□網路

   □傳單／海報　□廣告　□其他
9. 您在哪裡買到本書：□書店，店名＿＿＿＿＿＿　□劃撥　□現場活動　□贈書

   □網路購書，網站名稱：＿＿＿＿＿＿＿　□其他＿＿＿＿＿＿
10. 對本書的建議：（請填代號　1.滿意　2.尚可　3.再改進，請提供意見）

    內容：＿＿＿＿＿＿＿＿＿＿＿＿＿＿

    封面：＿＿＿＿＿＿＿＿＿＿＿＿＿＿

    編排：＿＿＿＿＿＿＿＿＿＿＿＿＿＿

    其他：＿＿＿＿＿＿＿＿＿＿＿＿＿＿

    綜合意見：＿＿＿＿＿＿＿＿＿＿＿＿＿＿＿＿＿＿＿＿＿＿＿＿＿＿＿＿＿＿＿
11. 希望我們未來出版哪一類的書籍：＿＿＿＿＿＿＿＿＿＿＿＿＿＿＿＿＿＿＿

讓文字與書寫的聲音大鳴大放

寶瓶文化事業有限公司

（請沿此虛線剪下）

廣 告 回 函
北區郵政管理局登記
證北台字15345號
免貼郵票

寶瓶文化事業有限公司　收

110台北市信義區基隆路一段180號8樓

8F,180 KEELUNG RD.,SEC.1,

TAIPEI.(110)TAIWAN R.O.C.

（請沿虛線對折後寄回，謝謝）